LORENZAS ANTIPASTI

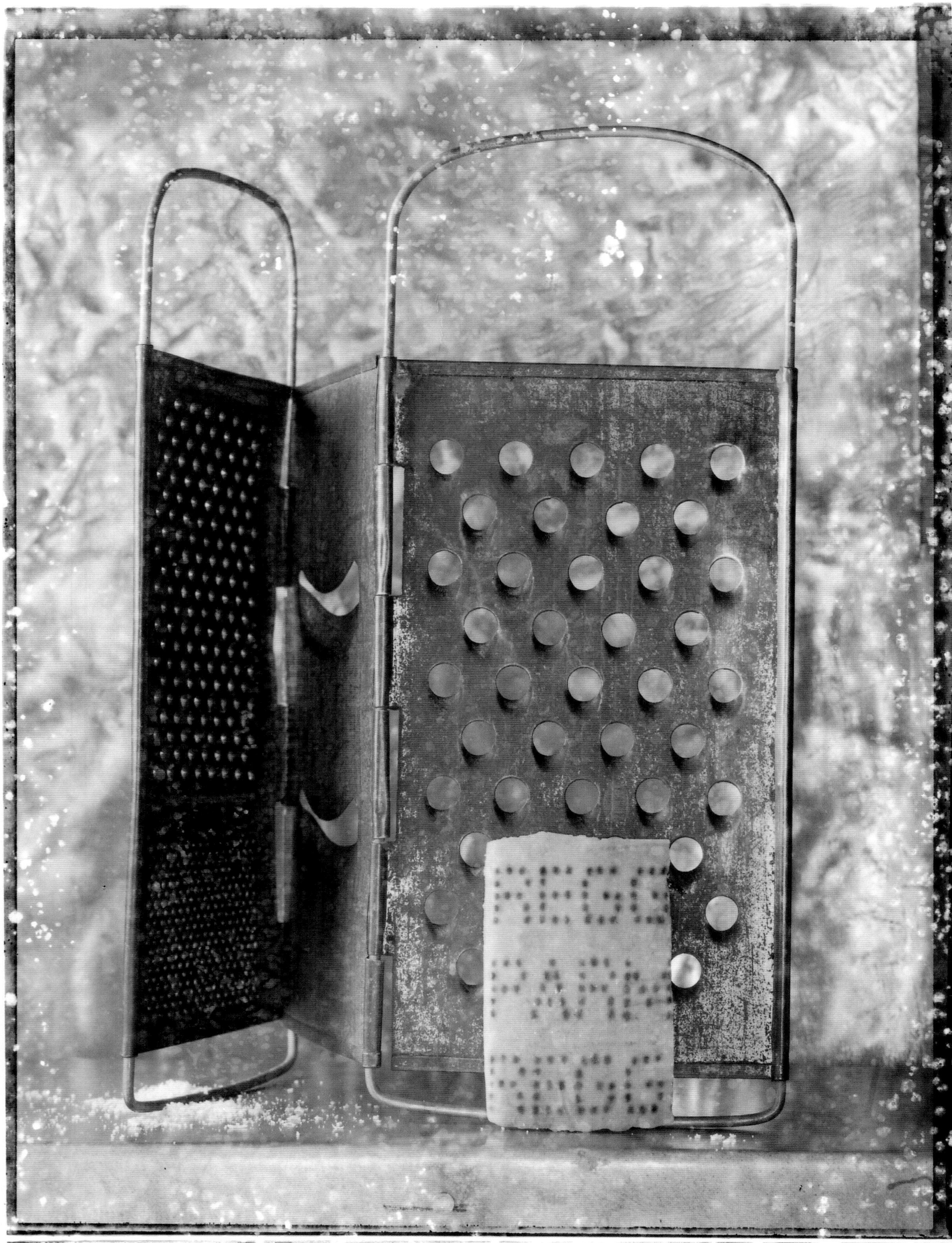

LORENZA DE' MEDICI

LORENZAS ANTIPASTI

CHRISTIAN VERLAG

HINWEIS

Alle Informationen und Hinweise, die in diesem Buch enthalten sind, wurden vom Autor nach bestem Wissen erarbeitet und von ihm und dem Verlag mit größtmöglicher Sorgfalt überprüft. Unter Berücksichtigung des Produkthaftungsrechts müssen wir allerdings darauf hinweisen, dass inhaltliche Fehler oder Auslassungen nicht völlig auszuschließen sind. Für etwaige fehlerhafte Angaben können Autor, Verlag und Verlagsmitarbeiter keinerlei Verpflichtung und Haftung übernehmen.

Korrekturhinweise sind jederzeit willkommen und werden gerne berücksichtigt.

Aus dem Englischen übersetzt von Susanne Vogel
Redaktion: Inken Kloppenburg Verlags-Service, München
Korrektur: Herbert Scheubner
Umschlaggestaltung: Horst Bätz
Herstellung: Dieter Lidl
Satz: Fotosatz Völkl, Puchheim

Die Originalausgabe mit dem Titel *Lorenza's Antipasti* wurde erstmals 1998 im Verlag Pavilion Books Limited, London, veröffentlicht.

Der Text wurde unter Mitarbeit von John Meis erstellt.

Stylistin: Penny Markham
Buchgestaltung und Layout: David Costa und Fiona Andreanelli, Wherefore Art?
Hauswirtschaftliche Beratung: Maxine Clark

Gedruckt und gebunden in Italie
bei Conti Tipocolor

ISBN 3-88472-351-0

INHALT

SOUTHERN ITALY.
PAPAL STATES
GULF OF VENICE
STRAIT OF BONIFACIO
GULF OF GAETA
BAY OF NAPLES
GULF OF SALERNO
GULF OF MANFREDONIA
GULF OF TARANTO
GULF OF EUPHEMIA
GULF OF SQUILLACE
ÆOLIAN OR LIPARI ISLANDS
SICILY
SCALE
MEDITERRANEAN
AFRICA
TUNIS
PANTELLARIA
Longitude East from Greenwich
BENEVENTO.
NAPLES AND VESUVIUS.
THE CARNIVAL.
FESTIVAL OF THE VINTAGE.

Vorwort

Bei meinen Kochseminaren in der Badia a Coltibuono machen wir mittags immer eine Pause, in der wir uns mit einem Glas Weißwein und einem Antipasto stärken. Stets handelt es sich dabei um etwas Einfaches und Leichtes, etwa einen kleinen Toast, belegt mit frischen, pikant gewürzten Tomaten, oder frittierte Salbeiblätter. In diesem Zusammenhang möchte ich einen verbreiteten Irrtum klarstellen: Fälschlicherweise meinen viele, der Begriff »Antipasto« bedeute »vor der Pasta«. Tatsächlich aber bezeichnet er etwas, das man vor dem *pasto*, der eigentlichen Mahlzeit, isst und das keinen festen Bestandteil eines Essens darstellt, sondern eine Ergänzung. Es steht außerhalb des Menüs, wie der französische Begriff *hors d'œuvre* treffend zum Ausdruck bringt.

Folglich lassen sich Antipasti in den verschiedensten Situationen genießen. Man kann sie im Garten oder Wohnzimmer als Appetithappen reichen, während die Gäste langsam eintrudeln und man selbst in der Küche letzte Hand anlegt. Andere sind wie geschaffen als einzelner Gang bei einem leichten Mittag- oder Abendessen, und manche eignen sich als Ersatz für den ersten Gang, der traditionsgemäß ein schwereres Pasta- oder Reisgericht vorsieht. Natürlich gibt es auch Gelegenheiten, bei denen Antipasti die konventionelle Rolle als Vorspeise im Rahmen eines formellen Essens mit mehreren Gängen erfüllen. Und was könnte man sich schließlich Köstlicheres zu einem kleinen Imbiss vorstellen als eine Bruschetta, die zu den Klassikern schlechthin zählt.

Beim Zusammenstellen der Rezepte für das vorliegende Buch hatte ich dieses flexible Bild der Antipasti vor Augen, befreit von jeglichen formalen Zwängen und starren Strukturen. Schließlich wäre es eine Schande, den Genuss dieser italienischen Delikatessen in all ihrer abwechslungsreichen Vielfalt auf jene seltenen Gelegenheiten zu beschränken, bei denen sie als Ouvertüre zu einem größeren Essen fungieren.

Zugleich hoffe ich, dass Sie sich von den hier vorgestellten Rezepten inspirieren lassen und die Freude für sich entdecken, Ihre Gäste mit echten Leckerbissen zu verwöhnen. Ganz gleich, ob bei einer Cocktailparty, einem Büfett oder Bankett, einem zwanglosen Mittagessen, einem eleganten Dinner oder einem kleinen Abendessen, ein gelungener Auftakt ist entscheidend für den weiteren Verlauf. Was könnte die Lust aufs Essen wohl nachhaltiger dämpfen als jene armseligen Kleinigkeiten aus der Packung, die man häufig vorweg als Knabberei bekommt. Da mögen herrliche Gerichte folgen, doch der erste Eindruck bleibt. Wenn ich dagegen sehe, wie meine Gäste die Vorspeisen, die ich für sie vorbereitet habe – ob raffiniert oder schlicht –, genießen, bin ich selbst hoch zufrieden: Dann spüre ich, dass sie meine Bemühungen zu schätzen wissen.

Trotz ihrer jahrhundertealten Tradition bilden Antipasti in jeder Hinsicht ein zeitgemäßes Essen. Sie sind meist leicht, lassen sich ohne größeren Aufwand herstellen, sind vielseitig einzusetzen, sprechen auch das Auge an und stellen bei einer großen Anzahl von Gästen oft eine relativ preiswerte Lösung dar.

Einige der interessantesten und köstlichsten Zubereitungen der italienischen Küche entstammen dem Antipasti-Repertoire. Es umfasst alle erdenklichen Arten von Fisch, Fleisch und Gemüse, ob roh oder gegart, bisweilen angereichert mit üppigen oder herzhaften Saucen. Über 200 herrliche Rezepte werden nachfolgend präsentiert. Damit dürfte für jede Situation das Richtige dabei sein, sei es, um hungrigen Gästen schnell etwas Sättigendes aufzutischen, sei es, um ihren Gaumen zu kitzeln und Lust zu wecken auf weitere kulinarische Freuden.

DIE GESCHICHTE DER ANTIPASTI

Geschichtliche Aufzeichnungen belegen es zweifelsfrei: Den ebenso sinnvollen wie glücklichen Brauch, den Appetit zunächst mit herzhaften und oft auch süßen Speisen zu beleben, um erst dann mit dem eigentlichen Mahl zu beginnen, verdanken wir den alten Römern. Damit haben sie sich um die Esskultur auf der italienischen Halbinsel äußerst verdient gemacht. Wie so viele kulturelle Neuerungen hatte allerdings auch diese gastronomische Gepflogenheit zwei ganz unterschiedliche Triebfedern: einerseits Reichtum und den damit verbundenen Raum für Muße, andererseits die sprichwörtliche Not, die bekanntlich erfinderisch macht. Die Essensstände in den Straßen, bei denen die einfachen Leute ihre warmen Speisen kauften, dürfen also ebenso als Wiege der Antipastikultur gelten wie die Speiseräume der Wohlstandsbürger.

RLENIS ✠ ARBOREOS FRVCTVS ET HVMI NASCENTIA FRAGA LARG
M. V. Jn. C. de Pas sculp. et ex.

Zeitgenössische Berichte über die extravaganten Festmähler enthalten zahlreiche Hinweise auf die Entwicklung und Ausbreitung der Vorspeisen. Zwar sind uns von den Schlemmereien keine konkreten Rezepte überliefert, doch ergibt sich ein anschauliches Bild von der Vielzahl und Art der Speisen, die im Rom der Antike zur Anregung des Appetits vor den eigentlichen Gängen – den Bären, Bullen, Pfauen, Flamingos und anderem mehr – aufgetischt wurden. Man möchte sich wundern, dass die Teilnehmer derlei Orgien überhaupt unbeschadet überstanden.

In der lateinischen Sprache hießen diese Vorspeisen *gustationes* oder auch *antecoena*, was exakt dem heute üblichen Begriff »Antipasti« entspricht. Der Satirendichter Juvenal porträtierte den römischen Feldherrn und legendären Genießer Lucullus, wie er, ausgestreckt auf seiner Liege, die Blicke über die Fülle der *gustationes* auf der Festtafel wie auch über die wohlgestalteten Sklaven schweifen ließ, die sie servierten. Bevor das Essen richtig begann, hatte er sich bereits »ein ganzes Vermögen« einverleibt. Vielleicht hat ja das stundenlange, der Verdauung nicht unbedingt förderliche Liegen während eines solchen Mahles zu der Sitte beigetragen, jeweils nur kleine Portionen zu nehmen.

Petronius schilderte in seinem Roman *Satyricon* eines der berühmt-berüchtigten Gelage des Trimalchio, des wohl dekadentesten unter den römischen Schlemmern. Zu den zahlreichen *gustationes*, die dabei kredenzt wurden, gehörten unter anderem Schweinswürste, Honigkuchen, weicher Käse, eine Schnecke pro Kopf, Kutteln, gefüllte Eier, Schinken und Oliven in Salzlake. Außer den Honigkuchen begegnet man all den genannten Delikatessen noch heute auf dem Vorspeisenbüfett beinahe jedes traditionellen Restaurants in Rom.

Der römische Feinschmecker Apicius erwähnte in seinem Werk über die Koch- und Essgewohnheiten im kaiserlichen Rom – *De Arte Coquinaria*, in Deutsch als »Das Apicius-Kochbuch aus der altrömischen Kaiserzeit« erschienen – weitere Zubereitungen, die bis heute als Antipasti eine Rolle spielen, etwa Schinken mit Feigen oder Aal in süßsaurer Marinade. Eindeutig nicht mehr zeitgemäß ist indes das Rezept des Petronius: Haselmaus, in Honig gekocht und in Mohnsamen gewälzt.

Eine anschauliche Vorstellung von einem typisch gutbürgerlichen Mahl im Rom des ersten nachchristlichen Jahrhunderts vermittelt uns ein Brief Martials, des Klassikers des lateinischen Epigramms. Er schreibt über »ein bescheidenes Abendessen«, das er für etwa sieben Gäste plant. Es »soll bestehen aus einem einzigen Gang« mit verschiedenen Gerichten – Zicklein, Fleischbällchen, Huhn und Schinken mit einer Beilage aus Bohnen und Sprossen. Die Vorspeise umfasst Malven, Salate, Lauch, Eischeiben, frischen Fisch und Kutteln, »triefend von Thunfischlake«, während frische Äpfel, gereifter Wein und »Scherze ohne galligen Beigeschmack« den Abschluss bilden.

Während sich der Kaiser und seine Kohorten in zügellosen Völlereien ergingen, musste sich die breite Masse außerhalb der Palastmauern mit wenigem bescheiden, entfaltete dabei jedoch jene bemerkenswerte Fantasie, die bis heute die »einfache« italienische Küche auszeichnet.

Schriftliche wie auch archäologische Zeugnisse haben uns interessante Aspekte der kulinarischen Vorlieben der römischen *plebs* enthüllt. Aus den

Il ritorno alle allegre tradizioni locali. A Guastalla è stata ristabilita, dopo dodici anni, la curiosissima "Festa degli gnocchi". Prima di essere distribuiti al popolo, – che quest'anno ne ha ricevuti dieci quintali – gli gnocchi vengono assaggiati dal re della festa, che è scelto fra i più cospicui mangiatori della città. (Disegno di A. Beltrame).

C.mi 20 LA DOMENICA DELL'AGRICOLTORE C.mi 20

Il "crescione„ – pianta che si consuma cruda e anche cotta – richiede acqua di sorgente la quale gela con minore facilità

Ruinen von Pompeji unweit Neapels, einer ursprünglich griechischen Gründung, wie auch aus den Überresten von Märkten wie dem Trajans in Rom lässt sich zweifelsfrei ablesen, dass sich das gemeine Volk bei seinen täglichen Besorgungen und Zusammentreffen mit Bekannten gerne einen kleinen Imbiss gönnte. Cato, der sich in seiner Eigenschaft als Staatsmann häufig im Forum gleich neben Trajans Markt aufhielt, erwähnte in seinen Schriften die köstliche *torta scriblita,* ein Törtchen mit Schafkäse, das von Markthändlern feilgeboten wurde. In den *scrippelle,* mit Pecorino gefüllten Crêpes, besteht diese Spezialität bis heute in den Abruzzen fort. Hier bekommt man sie häufig als Vorspeise oder aber, mit Brühe übergossen, zum ersten Gang. Cicero, der oft im Forum seine Reden hielt, liebte kleine Pfannkuchen aus Kichererbsenmehl. Seine Beschreibungen lassen an die ligurischen *farinate* denken, die in Genua nach wie vor an Straßenständen zubereitet werden. Man genießt sie en passant auf dem abendlichen Heimweg und trinkt dazu ein Gläschen Weißwein.

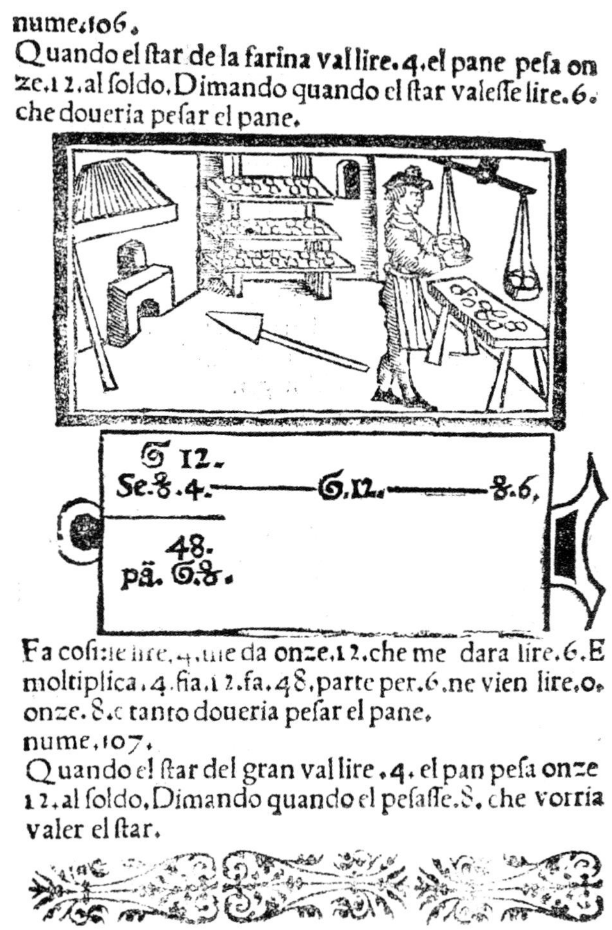
nume.106.
Quando el ſtar de la farina val lire.4.el pane peſa onze.12.al ſoldo.Dimando quando el ſtar valeſſe lire.6.che doueria peſar el pane.

Fa coſi: ... lire.4.... da onze.12.che me dara lire.6.E moltiplica.4.fia.12.fa.48.parte per.6.ne vien lire.o.onze.8.e tanto doueria peſar el pane.
nume.107.
Quando el ſtar del gran val lire.4.el pan peſa onze 12.al ſoldo.Dimando quando el peſaſſe.8.che vorria valer el ſtar.

Archäologische Ausgrabungen in den Straßen von Pompeji wie auf Trajans Markt deuten darauf hin, dass es neben Metzgereien und Bäckereien auch Stände gab, die fertig gebratene Speisen anboten – eine äußerst praktische Einrichtung, da die meisten Häuser keine Küche besaßen.

Bei meinem ersten Besuch in Rom gleich nach dem Krieg gab es vor allem in den älteren Vierteln noch immer diese Straßenstände. Dort bekam man zum Beispiel *supplì,* dicke Reiskugeln, gefüllt mit Mozzarella oder Provola und goldgelb frittiert. Inzwischen sind die Stände dem modernen Lebensstil weitgehend zum Opfer gefallen und den *supplì* begegnet man fast nur noch auf der Vorspeisenkarte der Restaurants.

Über die Entwicklung der Antipasti im Spätmittelalter herrscht ein eher unklares Bild. Die wenigen diesbezüglichen Aufzeichnungen, die die Zeiten überdauert haben, vermitteln den Eindruck, dass die meisten Festmähler in vornehmen Häusern mit Früchten begannen, um die Magensäfte anzuregen. In Handschriften ist von *Entremets* die Rede, die zwischen den verschiedenen Hauptgerichten serviert wurden. Sie bestanden aus Zubereitungen, die wir heute als Antipasti einstufen würden: gefüllten Eiern und Omeletts, Fisch und Fleisch in Aspik, ausgebackenem Gemüse und Käse. In einem Kochbuch, das im ausgehenden Mittelalter von einem anonymen Toskaner verfasst wurde, kommen mehrfach *crespelle,* gefüllte Pfannkuchen oder Crêpes, zur Sprache. Eine elegante Version namens *crespelle alla fiorentina* mit einer Füllung aus Schafmilch-Ricotta und einem Überzug aus Béchamelsauce gehört noch heute zum eleganten Vorspeisenrepertoire der Florentiner Küche.

Mit der Wiederentdeckung des klassischen kulturellen Erbes in der italienischen Renaissance erfolgte im 15. Jahrhundert zugleich eine Neubelebung der Kochkunst, auch sie inspiriert durch das Rom der Antike. Zu jener Zeit begann ein formelles Mahl mit einer Reihe warmer und kalter, mit süßen wie auch herzhaften Saucen abgerundeter Speisen. Dass sie auf einer Anrichte bereitgestellt wurden, trug ihnen die Bezeichnung *servizio di credenza* ein. Im Anschluss wurde eine weitere Reihe von warmen Gerichten aus der Küche aufgetragen, die dementsprechend *servizio di cucina* hießen und mit den kalten Speisen abwechselten.

Dass wir Näheres über die kulinarischen Aspekte dieser Gerichte sowie ihre Zubereitung wissen, verdanken wir Bartolomeo Scappi. Er war Mitte des 16. Jahrhunderts Leibkoch mehrerer Kardinäle und eines Papstes und hinterließ seiner Nachwelt ein sechsbändiges Kochbuch, das heute unter dem Titel *Opera* bekannt ist. Darin notierte er über 100 Menüs mit insgesamt mehr als 1000 Rezepten.

Am 28. Oktober, dem Tag von San Fiorenzo, arrangierte Scappi ein Bankett mit sechs Gängen, die jeweils Dutzende von Gerichten umfassten: zu Beginn 24 Vorspeisen *(antipasti)*, als Abschluss 21 Desserts *(postpasti)*, und dazwischen durften sich die Gäste an vier Hauptgängen delektieren.

Nachstehende Aufzählung von Gaumenfreuden, die innerhalb des *servizio di credenza* oder Antipastogangs einander ablösten, mag eine Vorstellung von einem typischen Festmahl der Renaissance vermitteln. Am Anfang standen diverse süße Speisen wie *offelle* – Blätterteiggebäck, Marzipanplätzchen und Baisers. Anschließend gab es kleine geröstete Kaviarbrote mit einer bitteren Pomeranzensauce; des Weiteren Streifen von gepresstem Fischrogen *(bottarga)*, angemacht mit Olivenöl, Essig und Pfeffer; aufgeschnittenen Truthahnbraten *(gallo d'India)*, abgerundet mit einer kräftigen Prise Zucker und kleinen Venusmuscheln; Salat von gegrilltem Hering; in Rotwein gesottene Wurstscheiben; gepökelten Aal; Kalbshachse in Aspik auf einem Bett von sehr fein gehacktem Kapaun; Fisch in süßsaurer Marinade *(carpione)*; in Wein geschmorte Schinkenscheiben; in Essig eingelegte Ochsenzunge sowie schließlich frische Sardellen mit Olivenöl, Essig und Oregano. Mit Ausnahme der süßen Speisen sind alle übrigen bis heute Bestandteil des traditionellen Antipasti-Repertoires, wobei sich nur die Gewürze und Würzsaucen gelegentlich geändert haben.

Zu Beginn des 17. Jahrhunderts hielten dann Salate Einzug in das Vorspeisenprogramm. Grüner Salat wird bereits in Schriftstücken aus dem alten Rom als *gustatio* zur Einstimmung auf eine Mahlzeit erwähnt, allerdings ohne Angabe, wie er zubereitet und serviert wurde. 1627 widmete Salvatore Massoio ihm eine eigene Abhandlung, und so erfahren wir, was in einen richtigen Salat hineingehörte. Als Antipasto empfahl er einen Salat *»da irritamento«*. Dieser »Gaumenkitzel«, eine Komposition aus Kräutern, sollte jedoch nicht allzu reichlich bemessen sein, damit der Appetit lediglich geweckt und nicht etwa gestillt würde.

Ein exaktes Rezept für seinen Salat gab Massoio nicht, in der Annahme, jeder gescheite Italiener beherrsche die richtige Kombination der Zutaten. Dagegen wollte einer seiner Zeitgenossen, der im englischen Exil lebende Giacomo Castelvetro, »den Deutschen und anderen ungehobelten Nationen, insbesondere den noch übleren Engländern« nicht zutrauen, einen Salat anständig zuzubereiten und anzumachen. Sein Rezept für einen gemischten Salat, »den besten und herrlichsten von allen«, sieht junge Minzeblätter, Gartenkresse, Basilikum, Zitronenmelisse, zarte Pimpernelltriebe, Estragon sowie Borretschblätter und -blüten vor, des Weiteren Fenchel, Rauke (Rucola), Sauerampfer, Rosmarinblüten, einige Duftveilchen und schließlich zarte Kopfsalatherzen. Als Dressing für einen gemischten Salat empfahl Castelvetro reichlich Salz, einen kräftigen Schuss Öl und nur ein wenig Essig.

Interessanterweise empfiehlt Castelvetro auch ein Rezept, das neben einer Vielzahl grüner Salatsorten Rosinen, Oliven, Kapern, Ochsenzunge, Zitronat, Zitronenschale und Frühlingszwiebeln verwendet. Derart üppig angereicherte Salate gewinnen in Italien als Antipasto oder auch als Hauptgericht für ein leichtes Mittagessen wieder zunehmend an Beliebtheit.

Ein besonders plastisches Bild von den Essgewohnheiten im Italien des 19. Jahrhunderts zeichnete Pelligrino Artusi in seinem berühmten Werk *La Scienza in cucina e l'Arte di mangiar bene (Der große Artusi: die klassische italienische Küche)*. Wie der italienische Untertitel andeutet, versteht sich das Buch als praktischer Familienratgeber und tatsächlich gehört »der Artusi« – so der liebevolle Name im Volksmund – seit über hundert Jahren quasi zur Grundausstattung des italienischen Haushalts.

Zur Zeit seiner Entstehung umfasste ein formelles Essen in gutbürgerlichen Kreisen – und genau diese gedachte der Verfasser seinerzeit anzusprechen – sechs bis sieben Gänge, zu denen oft mehr als ein Gericht gehörte. Für die Antipasti wählte er die Bezeichnung *principii*. Sie werden im Anschluss an die Speisen für den ersten Gang, sprich Suppen, Pasta- und Reisgerichte, behandelt. In der Einführung zu dem betreffenden Kapitel führt Artusi aus, dass die *principii* nach Belieben vor oder nach dem ersten Gang serviert werden könnten, wobei er den toskani-

PAN AMERICAN WORLD AIRWAYS

schen Brauch, sie im Anschluss zu genießen, für »vernünftiger« hält.

Die Auswahl der Antipastorezepte erscheint aus heutiger Sicht etwas dürftig. Von den nur zehn Einträgen befassen sich acht mit *crostini* – unter anderem mit Kapern, Trüffeln, Hühnerleber, Sardellen und, dies das ungewöhnlichste Rezept, mit Waldschnepfe. Bei den beiden übrigen handelt es sich um Anleitungen für »Sandwiches« mit Schinken oder Zunge sowie für *baccalà montebianco.* Für diese Zubereitung soll Klippfisch mit Sahne zu steifem Schnee verarbeitet werden, sodass ein Gebilde wie ein schneebedeckter Berggipfel entsteht. Artusi selbst fand den Rezeptnamen, der sich an das berühmte Dessert aus Maronenpüree und Schlagsahne anlehnt, unpassend, empfiehlt die Speise aber der »vollen Aufmerksamkeit« seiner Leser.

Wie seine Ausführungen zu verstehen geben, waren Antipasti bei einem Essen im familiären Kreis kein unbedingtes Muss. Einen höheren Stellenwert hatte hingegen jener Gang, der als *trasmesso* zwischen den Hauptgängen gereicht wurde. Viele der *piatti di mezzo,* wie die hierzu zählenden Zubereitungen ebenfalls hießen, werden heutzutage als Antipasti kredenzt: gefülltes Gemüse, kleine Pizzen, in der Form gebackene Gerichte, gefüllte Eier und Omeletts.

Ada Boni, die bedeutendste italienische Kochbuchautorin der ersten Hälfte des 20. Jahrhunderts, widmete in ihrem Buch mit dem reizenden Titel *Il Talismano della Felicità* – übersetzt etwa *Der Glücksbringer* – den Antipasti sage und schreibe mehr als dreißig Seiten. In der Einleitung wies sie überdies darauf hin, dass die Rezepte in den Kapiteln über *intermezzi (Entremets)* und Ausgebackenes ebenso für den Vorspeisengang geeignet seien.

Damit sind wir in der Gegenwart angelangt. Inzwischen haben die Antipasti eine entscheidende Wandlung durchlaufen. Diese bezieht sich weniger auf ihre Zubereitung selbst als vielmehr darauf, wann und wie wir sie genießen. Ein verändertes Bewusstsein für Gesundheit und Ernährung wie auch der Rhythmus unseres modernen Lebens verlangen leichteres und weniger zeitaufwendiges Essen.

Zwar ist das klassische Rezeptrepertoire nach wie vor lebendig, doch nehmen die Speisen heute oft einen anderen Platz innerhalb des Menüs ein. Zubereitungen, die einst eine Mahlzeit einleiteten, ersetzen heute häufig zum Beispiel ein gehaltvolleres Pastagericht zum ersten Gang. Möglicherweise serviere ich als Hauptgericht bei einem leichten Abendessen, was meine Mutter noch als *Entremets* vorgesehen hätte. Ich würde lediglich die Mengen etwas erhöhen. Für ein sommerliches Mittagessen mit nur einem Gang wähle ich vielleicht bei Ada Boni aus dem Antipastokapitel einige *frittata*-Varianten, die ich einfach mit einem grünen Salat ergänze. Und mit Artusis *crostini*, für die Hausfrauen des 19. Jahrhunderts fester Bestandteil der abendlichen Speisenfolge, überbrücke ich gern die Zeit, bis alle Gäste eingetroffen sind und ich zu Tisch bitten kann. Begleitet von einem Glas Weißwein verfehlen sie ihre Wirkung als Appetithappen niemals.

Natürlich mangelt es auch nicht an festlichen Anlässen, bei denen die aus dem antiken Rom und der Renaissance überlieferten Antipasti ihren grandiosen Auftritt feiern. So stelle ich für eine elegante Dinnerparty mit Vergnügen ein mehrgängiges Menü zusammen, dem ich gewöhnlich eine köstliche warme Vorspeise aus Fisch oder Geflügel vorausschicke. Schließlich möchte ich meine Gäste bei einer solchen Gelegenheit nach allen Regeln der Kunst verwöhnen und sie gleich von Anbeginn darauf einstimmen.

Summa summarum veranlasst die Geschichte der italienischen Esskultur, die nunmehr über zwei Jahrtausende währt, zu der glücklichen Feststellung, dass unser reicher Schatz an Antipasti nicht nur die Zeiten unbeschadet überdauert hat, sondern darüber hinaus eine stetige Bereicherung und Weiterentwicklung erfährt.

TEIL I

Die Antipasti im Überblick
&
Vorräte für
die Antipastoküche

Die Antipasti im Überblick

Während die Gliederung des Rezeptteils darauf abzielt, die Planung eines Essens wie auch das Auffinden der Anleitungen zu erleichtern, stelle ich hier die breite Vielfalt klassischer Antipasti vor. Wer hat nicht schon staunend vor der Fülle appetitlich angerichteter Speisen gestanden, die gleich am Eingang eines traditionsbewussten italienischen Restaurants den Gast willkommen heißen und einstimmen auf das, was ihn erwartet. Viele dieser Spezialitäten werden Sie wohl kaum je selbst zubereiten. Kennen sollte man sie aber trotzdem, will man die Gelegenheit zu einer Kostprobe nicht ungenutzt verstreichen lassen.

Wer offen ist für unbekannte Gaumenfreuden, kommt in Italien voll auf seine Kosten. Denn jede der 20 Regionen setzt kulinarisch ganz eigene Akzente, die gerade bei den Vorspeisen besonders zur Entfaltung gelangen. Diesen typischen und oft ungewöhnlichen Genüssen sollte daher bei einem Aufenthalt im Land Ihr besonderes Augenmerk gelten.

Bei den klassischen Antipasti lassen sich zunächst zwei Hauptkategorien unterscheiden: *affettato* – Aufschnitt von Wurst und Schinken – und *antipasto misto.* Hierbei handelt es sich um diverse Zubereitungen, die ich nach ihrer Hauptzutat wiederum unterteilt habe in Spezialitäten mit Brot, Gemüse, Käse und Eiern sowie Fisch und Meeresfrüchten.

Aufschnitt

Affettato

Wenn Sie schon einmal zu einem Festessen in einem italienischen Restaurant geladen waren, werden Sie sich bestimmt an jene großen Platten voller Aufschnitt erinnern, die von einem ganzen Schwarm weiß befrackter Kellner schwungvoll hereingetragen wurden – quasi als Vorbereitung auf den Schmaus, der da kommen sollte. *Affettato* ist unter den italienischen Vorspeisen wohl der Klassiker schlechthin. Gewöhnlich handelt es sich um Schweinefleisch, daneben gibt es aber auch Gepökeltes und Geräuchertes vom Rind und gelegentlich sogar von »exotischeren« Tieren wie Wildschwein, Gans, Truthahn, Hirsch und Ziege, ja sogar Pferd und Esel.

Traditionsgemäß ist dieser Aufschnitt in Restaurants unverzichtbarer Bestandteil eines Mittagessens in festlichem Rahmen. Auf dem Land kommt er auch in den Familien häufig beim sonntäglichen Mittagessen auf den Tisch, zumindest aber, wenn Besuch da ist. Nicht selten sind diese Delikatessen dann hausgemacht, ob von den Gastgebern selbst oder einem ihrer Nachbarn. Mindestens eine Aufschnittplatte gehört gewöhnlich zu einem Büfett. Und schließlich wird *affettato* häufig auch als Hauptgericht bei einem zwanglosen, kleinen Mittagessen serviert.

Da das Pökeln und das Räuchern von Fleisch spezielles Können erfordern, das Servieren dieser Produkte aber andererseits keiner weiteren Erläuterung bedarf, habe ich sie in den Rezeptteil nicht aufgenommen, sofern sie nicht in Kombination mit anderen Zutaten verwendet werden. Nachfolgend möchte ich aber die Sorten erläutern, die Ihnen auf einer traditionellen Aufschnittplatte im Restaurant mit ziemlicher Sicherheit begegnen werden. Eine gewisse Kenntnis dieser Produkte ist auch dann von Nutzen, wenn Sie unterwegs sind und für ein Picknick einkaufen. Mit ein paar Scheiben *affettato*, etwas Käse, einigen frischen *panini* (Brötchen), einer Hand voll Oliven und einer Flasche Wein haben Sie ein ebenso komplettes wie köstliches Essen beisammen.

Culatello, eine Spezialität aus der im Norden gelegenen Region Emilia, gilt gemeinhin als König unter den Erzeugnissen aus Schweinefleisch. Er wird aus der Oberschale gewonnen. Damit erklärt sich auch sein Name: *culo* lautet die derbe Bezeichnung für das Hinterteil, das *tello* am Wortende ist eine Verniedlichungsform. Das Fleisch wird vom Knochen gelöst und mit einer Mischung aus Steinsalz, frisch gemahlenem schwarzem Pfeffer, zerdrücktem Knoblauch und einer Prise frischer Muskatnuss eingerieben. Als Muskel weist dieses Fleischstück keine schützende Fettschicht wie etwa *prosciutto* auf und wird daher in eine Schweinsblase gehüllt, bevor man es zum

Trocknen in einen kühlen Kellerraum hängt. Die richtige Luftfeuchtigkeit während des Reifeprozesses ist in diesem Fall entscheidend, denn eine der hervorstechendsten Eigenschaften von *culatello* ist seine Zartheit. Weitere Merkmale sind eine blassrosa Farbe mit feiner Marmorierung und ein intensiver, dabei aber milder Geschmack.

Ochsen- oder Rindfleisch

Teilung des Rindes

1. Kopf
2. Hals oder Kamm
3. Mürbekamm
4. Hoch- der Fehlrippe
5. Mittelrippe, Entrekote
6. Roastbeef oder englischer Braten
7. Vorderschwanzstück
8. Mittelschwanzstück
9. Brustspitze oder Brustkern
10. Vorderblatt
11. Brust
12. Flanke
13. Nuß
14. Hinterer Schwanz
15. Schenkel
16. Hesse

Der beste *culatello* kommt aus Zibello, einer Nachbarstadt von Parma. Als Antipasto serviert man ihn grundsätzlich ohne Beigaben wie Feigen oder Melone. In seiner Heimat genießt man ihn jedoch oft mit frittiertem und in Rauten oder Quadrate geschittenem Fladenbrot, als *crescente* und in Parma auch als *torta fritta* bekannt. Falls Sie je in dieser Gegend weilen, lassen Sie sich das Geschmacksvergnügen keinesfalls entgehen.

Ist *culatello* der König, dann gebührt dem *prosciutto,* hergestellt aus der Schweinskeule, zweifellos die Prinzenwürde. Die Exklusivität und der entsprechende Preis des *culatello* begründen sich nicht zuletzt dadurch, dass der Metzger dafür den Schinken zerschneiden und somit auf den größeren und Gewinn bringenderen *prosciutto* verzichten muss. Der berühmteste *prosciutto* stammt aus der Gegend um Parma. Noch angesehener aber sind in Kennerkreisen die Schinken aus San Daniele und Sauris in Friaul. In Mittelitalien halten viele Bauern bis heute ein Hausschwein, das sie im Winter in eigener Regie zu *prosciutto* und anderen Pökelerzeugnissen verarbeiten.

Schweinefleisch

Teilung eines Schweines

1. Keule oder Schwinken
2. Rücken oder Kotelettstück
3. Hals oder Kamm
4. Blatt oder Vorderschinken
5. Bauch
6. Kopf
7. Beine
8. Füße

Üblicherweise stammt *prosciutto* von einjährigen Schweinen, die mit einem speziellen Futter aufgezogen wurden. In der Provinz Parma verwertet man dabei auch die Molke, die bei der Parmesanherstellung abfällt. Das überschüssige Fett wird von der Keule entfernt, wodurch die charakteristische Mandolinenform entsteht. Der Schinken wird mehrere Wochen gepökelt, bevor er zum Lufttrocknen beinahe ein Jahr in Räumen mit geregelter Temperatur und Luftfeuchtigkeit hängt. Das dunkle Rosa des *prosciutto* ist von kräftigen Fettadern durchzogen, wobei die heutigen Produkte jedoch magerer als früher sind. Im Norden wird der *prosciutto* in der Regel weniger gesalzen, während man in Mittelitalien, vor allem in der Toskana, einen kräftigeren Geschmack schätzt.

Gewöhnlich wird der Schinken maschinell hauchdünn aufgeschnitten. Einige Traditionalisten aber ziehen von Hand geschnittene dickere Scheiben vor. Bisweilen garniert man eine Vorspeisenplatte aus *prosciutto* mit Butterröllchen und oft wird er mit Früchten, allen voran Melone oder Feigen, serviert. Wenn ich ein Büfett vorbereite, umwickele ich manchmal Grissini, die möglichst vor dem Backen in frischem Rosmarin oder Mohn gewälzt wurden, am oberen Ende mit fein aufgeschnittenem *prosciutto.*

Schon vor geraumer Zeit gelangte der Speck aus Österreich nach Südtirol. Unter seinem ursprünglichen deutschen Namen hat er inzwischen auf dem gesamten italienischen Markt Fuß gefasst und ist auf beinahe jedem Vorspeisenbüfett zu finden. Mir persönlich behagt seine Räuchernote sehr, sodass ich ihn auch häufig zum Kochen verwende – zumal er weniger Fett als der Frühstücksspeck aufweist.

Dem *prosciutto* ähnlich sind zwei weitere Produkte vom Schwein, die weniger kosten und bei so manchem Feinschmecker aufgrund ihres kräftigeren Aromas in höherer Gunst stehen. Für *coppa* – manchmal auch *spalla* genannt – wird die ausgelöste Schweineschulter aufgerollt, gepökelt und mit Pfeffer und Muskatnuss gewürzt. Anschließend muss sie mehrere Monate reifen. Das Resultat: ein, verglichen mit *prosciutto,* weniger zarter, dafür kerniger Genuss. Der ebenfalls intensiv aromatische *capocollo* wird aus dem

..grazie:
preferisco i dadi!
BRODO di CARNE
Croce Stella
MAGGI
garantito igienicamente puro

Stück zwischen Kopf und Schulter geschnitten. Beide Spezialitäten serviert man dünn aufgeschnitten, jedoch nicht so hauchfein wie *prosciutto*. In den meisten Regionen mit Schweinezucht gibt es des Weiteren den köstlichen *lardo*, gewonnen aus dem Rückenspeck gleich unter der Haut und wie *prosciutto* gepökelt.

Der Begriff *salame* bezeichnet all jene Wursterzeugnisse aus gehacktem Schweinefleisch, die, gut abgehangen, als Aufschnitt serviert werden (er verweist auf die zur Haltbarmachung entscheidende Zutat: Salz, lateinisch *sale*). Salami gehören zur Gruppe der *insaccati*, die in eine Hülle – traditionsgemäß gewendeter und gründlich gewaschener Schweinedarm – gefüllt werden. Jede Region kennt ihre eigenen Arten von *insaccati*, angefangen von den nur würstchengroßen Erzeugnissen, wie sie für Süditalien typisch sind, bis hin zu den riesigen Zylindern der *mortadella*, die nach ihrer Heimatstadt manchmal auch schlicht *bologna* genannt wird und die gewöhnlich etwa zwölf, mitunter aber auch bis zu 50 Kilogramm wiegt.

Neben der Schweinerasse, der Art der Aufzucht und der Methode der Haltbarmachung bilden der Feinheitsgrad der Wurstmasse, der Fettanteil und die Würzzutaten weitere Unterscheidungsmerkmale. Mailänder Salami – *salame di Milano* – enthält sehr fein gehacktes Schweinefleisch mit etwas Fett und wird außer mit Gewürzen auch mit Weißwein aromatisiert. Ausgesprochen mager und besonders fein abgeschmeckt ist die *salame Felino* aus Parma. *Salame Toscano*, an ihrer dicken, runden Form und der kräftig roten Farbe erkennbar, enthält neben größeren Fettstücken auch Knoblauch und ganze Pfefferkörner. Eine weitere toskanische Köstlichkeit ist die *finocchiona* aus grob gehacktem Fleisch, das mit Fenchelsamen gewürzt ist. In Süditalien gibt man an die Wurstmasse auch gern zerstoßene Chilischoten und Knoblauch. Eine besonders deftige Spezialität unter den *insaccati* ist die *soppressata*, eine Art Presssack. Dafür werden die bei der Verarbeitung des Schlachttieres angefallenen Reststücke zusammen mit dem Schweinskopf gekocht. Man schmeckt die Masse mit Gewürzen und Orangenschale ab und presst sie zu einem Laib.

Ich weiß nicht, ob jemals der Versuch unternommen wurde, all die Varianten von *insaccati* aufzulisten. Bestimmt kämen mehrere Dutzend zusammen. Sicher ist in jedem Fall, dass sie in ihrer großen Vielfalt die regionale Gastronomie Italiens immens bereichern.

Hier und da bekommt man auch trocken gepökelte Wurstwaren aus dem Fleisch anderer Tiere, vom Pferd etwa in der Provinz Mantua oder vom Wildschwein in der Gegend um Siena. Im Aostatal liefert die Wildziege – *mocetta* – eine Spezialität, die mit

Wacholderbeeren gewürzt ist, während die Verwendung von Gans in der Provinz Pavia auf die dortigen jüdischen Einflüsse verweist.

Bresaola, gepökeltes und mehrere Monate luftgetrocknetes Rindfleisch aus dem Veltlin, darf in dieser Aufzählung keinesfalls fehlen, denn sie mundet besonders köstlich als Vorspeise und hat von ihrer lombardischen Heimat aus inzwischen ganz Italien erobert. Aus dem Eckstück der Oberschale gewonnen, handelt es sich gewissermaßen um das Pendant zum *culatello*. Verglichen mit diesem schmeckt die *bresaola* pikanter und delikater zugleich. Gern wird sie wie Carpaccio zubereitet: einen Teller mit hauchfein aufgeschnittenen Scheiben leicht überlappend auslegen, diese mit Olivenöl und Zitronensaft beträufeln und schwarzen Pfeffer darüber mahlen. Eine köstliche Ergänzung bilden auch gehobelter Parmesan, den man darüber streut, rohe Artischocken oder Bleichsellerie.

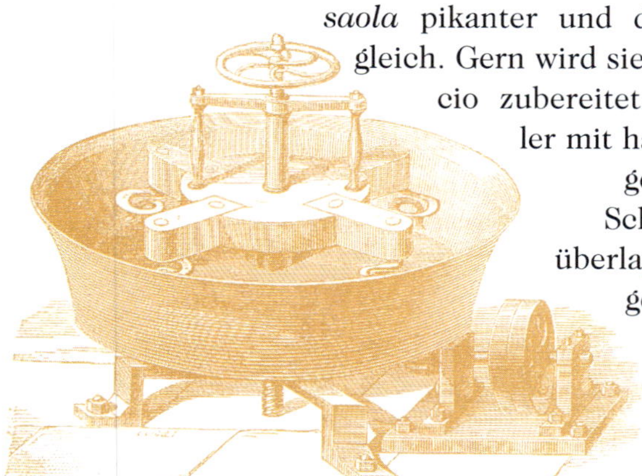

Nicht übergehen möchte ich schließlich die *nervetti*, eine Delikatesse aus meiner Heimatstadt Mailand, die Sie bei einem Besuch dort unbedingt probieren sollten. Für diese Vorspeise wird Fleisch von gekochten Kalbsfüßen in Streifen geschnitten und mit Olivenöl, Essig und milden Zwiebeln angemacht.

Zuletzt noch ein kleiner Reisetipp. Besuchen Sie, wenn Sie in Italien unterwegs sind, eine *salumeria* beziehungsweise eine *pizzicheria*, wie diese Art von Geschäften in der Toskana heißt. Dort finden Sie neben allen erdenklichen Salamisorten eine breite Käseauswahl wie auch zahlreiche der *antipasti misti*, die ich nachfolgend beschreibe. In Mailand erwartet Sie nahe der Piazza del Duomo ein wahres Gourmetparadies, in dem einige der schönsten und bestsortierten Delikatessengeschäfte Europas ansässig sind. Hier vertreibt auch das berühmte Feinkostunternehmen Peck in diversen Läden alles, was das Genießerherz begehrt. Das Angebot ist so verlockend, dass Sie der Versuchung auf Dauer nicht widerstehen und zumindest eine Kleinigkeit mitnehmen oder auch gleich an Ort und Stelle verzehren.

La battaglia degli obesi. Il torneo che annualmente riunisce a Cavour i pesi massimi del Piemonte si è concluso con una superba affermazione del signor Luigi Favero di Settimo Torinese il quale con i suoi 176 chili ha nettamente battuto ogni concorrente. Dopo la proclamazione del vincitore è seguito un pranzo di oltre cinque ore. Accanto al neo-"re dei grassoni", è la "reginetta", l'attrice Speranza Gorini di Torino. Un quintale e mezzo. (Disegno di Walter Molino)

1. Shirley
2. Plum
3. Golden Sunrise
4. Grenadier
5. Ailsa Craig
6. Gardener's Delight
7. Mirabel
8. Dombello
9. Tigerella
10. Alicante
11. Liberto

Antipasti mit Brot

Antipasti auf Brotbasis haben etwas unwiderstehlich Ursprüngliches. Seit jeher bildet Brot auf der italienischen Halbinsel einen Eckpfeiler der Ernährung.

Vor allem in der Toskana und den anderen Regionen, die hochwertiges Olivenöl produzieren, schwelgen die Einheimischen im November und Dezember in einer Vorspeise namens *fettunta*. Die Übersetzung – »eine Scheibe Brot mit Öl« – erklärt eigentlich schon alles: Man röstet einfach eine dicke Scheibe Landbrot, und zwar möglichst über Holzkohle, reibt sie noch heiß mit einer Knoblauchzehe ein, bestreut sie mit etwas Salz und träufelt schließlich großzügig Olivenöl darüber. Dabei wird natürlich das *olio nuovo* verwendet, das eben abgefüllte Olivenöl mit seinem intensiven grünen Schimmer, der charakteristischen Trübung, die durch den Verzicht auf Filtrierung zustande kommt, und der noch leicht pfeffrigen Geschmacksnote.

Der toskanische Name *fettunta* sollte meines Erachtens eben dieser saisonalen Spezialität vorbehalten bleiben. Nun wissen die Italiener aber die Kombination von Brot und Olivenöl bekanntlich auch in anderen Zeiten zu schätzen. In dem Fall ist das römische Wort *bruschetta* die richtige Bezeichnung. Ob als Vorspeise oder auch als leichtes Mittagessen gereicht, lässt sich *bruschetta* vielfältig abwandeln. So kann man für den Belag zum Beispiel auch Dicke Bohnen, frische Tomaten, gekochte Blumenkohlröschen oder weiße Bohnen verarbeiten. Einige meiner Lieblingsrezepte stelle ich im nachfolgenden Rezeptteil vor. Ganz gleich, für welche Variante Sie sich entscheiden, nehmen Sie zum Beträufeln unbedingt wirklich hochwertiges, kaltgepresstes Olivenöl.

Als *crostini* bezeichnet man kleine Brotscheiben, die meist von einem baguetteförmigen Brot namens *frusta* geschnitten und mit verschiedenen Mischungen bestrichen werden. Geeignet sind etwa Hühnerleberpastete oder auch würzige Buttermischungen, wobei Sardellen-, Petersilien- und Trüffelbutter zu den Favoriten zählen. Das Brot sollte etwas fester sein. Es darf auch ruhig vom Vortag stammen und wird nach Belieben geröstet. Noch leicht warm serviert, schmecken die meisten *crostini* am besten.

Eine neue Variation des Themas, die auch immer häufiger in den Speisekarten der italienischen Restaurants auftaucht, sind die *crostoni*. Diese großen, unterschiedlich belegten Brotscheiben ergeben durchaus eine komplette Mahlzeit. Vor kurzem hat in Florenz ein Restaurant eröffnet, das ausschließlich *crostoni* serviert, wobei man zwischen mindestens einem Dutzend Varianten wählen kann. Bei näherer Betrachtung besteht zwischen *crostoni* und den guten alten *bruschette* kein Unterschied, sieht man einmal von der Größe ab. Anscheinend handelt es sich also einfach um eine Modeerscheinung, die die Lust nach Neuem befriedigt.

Anstelle von Brot eignen sich als Unterlage für *crostini* ebenso kleine Quadrate oder Dreiecke aus Polenta. Belegt mit würzig zubereiteten Pilzen oder Tomaten, ergeben sie eine herzhafte warme Vorspeise für die kalte Jahreszeit.

Auch mehrere pizzaähnliche Spezialitäten bereichern das Angebot an Antipasti. Neben den sehr populären *pizzette*, Minipizzen, findet man häufig *focacce*, kleine Brotfladen. Belegt sind sie entweder ganz schlicht mit nur einer Zutat oder auch mit einer schmackhaften Kombination. Die Restaurants an der italienischen Riviera offerieren als Vorspeise oft *pissaladiera*, eine Tarte aus Pizzateig mit einem üppig-deftigen Belag aus Zwiebeln, Oliven, Sardellen und dem unverzichtbaren Olivenöl. Da vor allem *pizzette* sich als Fingerfood für größere Cocktailpartys und Büfetts anbieten, habe ich in den anschließenden Rezeptteil einige meiner Lieblingsrezepte aufgenommen.

Antipasti mit Gemüse

Von der Stiefelspitze bis hinauf in den Norden des Landes wäre ein traditionelles Vorspeisenbüfett ohne die bunte Produktvielfalt der italienischen Gemüsegärten undenkbar. Einmal fungiert das Gemüse als Zutat zu einer Speise, dann wieder spielt es die Hauptrolle. Letzteres gilt zum Beispiel für das *pinzimonio*, das diese farbenfrohe Fülle besonders appetitlich verkörpert. Der Name steht für das Dressing aus Olivenöl, Salz und Pfeffer und leitet sich ab von dem italienischen Verb *pinzare*, das »stechen, beißen« bedeutet. Schon mit seinem Klang weckt es die Vorstellung von etwas Herzhaftem. Fenchel, Artischocken, Bleichsellerie, Radieschen, Chicorée, Möhren und Paprikaschoten, nach Bedarf in Streifen oder Stücke geteilt, gehören zum Standardrepertoire an rohem Gemüse, das für diese Spezialität verwendet wird. Gewöhnlich steht die Rohkost auf einem großen Teller in der Tischmitte und jeder Gast bekommt eine kleine Schüssel mit Öl, in die er dann die Stücke dippt.

Das Urheberrecht für *pinzimonio* wird von den Römern beansprucht, in deren Region ja zweifellos auch wundervolles Gemüse gedeiht. Dafür bringt die Toskana meiner Meinung nach das köstlichste Olivenöl hervor. So können beide bei dieser Delikatesse, die natürlich auch im anschließenden Rezeptteil nicht fehlen darf, eine gelungene Allianz eingehen.

Dem *pinzimonio* ähnlich ist eine klassische Gemüsevorspeise aus Piemont. Sie trägt den Dialektnamen *bagna cauda*, was so viel heißt wie »warmes Bad« und auf die Sauce anspielt, die reichlich Knoblauch, Sardellenfilets, Butter und Olivenöl enthält. Sie wird, ähnlich wie beim Fondue, in einem Terrakottatopf in der Tischmitte über einem Teelicht oder Rechaud warm gehalten und die Essensteilnehmer tunken rohe, manchmal auch halbgar gekochte Gemüsestücke hinein. Die klassischen Zutaten sind Artischocken, Brokkoli, Spinat, Paprikaschoten, Bleichsellerie, Möhren, Fenchel und – unverzichtbar – Kardonen (Gemüse- oder Spanische Artischocken). Im Piemont kommen außerdem vorgekochte Zwiebeln und Kartoffeln hinzu.

Während das *pinzimonio* vor allem im Frühjahr und Sommer mundet, bietet sich die *bagna cauda* insbesondere für kalte Herbst- oder Winterabende an. Dazu genießt man reichlich Landbrot und spült das Ganze mit jungem Rotwein hinunter. In meiner Kindheit habe ich auf dem Piemonteser Schloss meiner Großmutter viele glückliche Tage verlebt. Oft waren auch meine Vettern und Cousinen anwesend, mit denen ich manche *bagna cauda* gemeinsam verspeist habe. Am Ende der Mahlzeit briet meine Großmutter in der restlichen Sauce für jeden von uns ein Ei. »Gut für die Verdauung«, sagte sie dann immer.

Eine große Gruppe von Vorspeisen bilden die *sottaceti*, in Essig eingelegtes Gemüse, etwa Blumenkohlröschen, Möhren, Pilze, Zwiebeln und Zucchini. Diese werden blanchiert, in Stücke geschnitten und mit Gewürzen wie Thymian, Minze, Salz und Pfefferkörnern in ein großes Glas gefüllt. Zuletzt wird das Ganze mit gutem Weißweinessig bedeckt und das Glas fest verschlossen. Kleinere Platten mit *sottaceti* stehen traditionsgemäß auf dem Vorspeisenbüfett eines jeden Restaurants, das auf sich hält, und kommen auch bei einem größeren Familienessen auf den Tisch. Vor einem opulenteren Mahl regen sie zuverlässig den Appetit an. Puristen würden sie niemals zusammen mit Aufschnitt, etwa feinem *prosciutto*, verspeisen, dessen delikates Aroma sie ebenso übertönen wie den Geschmack von Wein. Auch in Olivenöl wird Gemüse gern eingelegt. Diese *sottoli* munden natürlich umso besser, je hochwertiger das Öl ist. Besonders köstlich schmecken kleine Artischocken, sehr zu empfehlen sind aber auch Pilze und Wildspargel (Mini-Grünspargel).

Es lohnt sich, stets einen kleinen Vorrat an *sottaceti* und *sottoli* im Hause zu haben. Sie werden in vielen Gegenden von kleinen Delikatessenfirmen in guter Qualität produziert, lassen sich aber auch ohne allzu großen Aufwand selbst herstellen. Die Anleitungen dafür finden sich im letzten Teil des Buches.

Ich möchte kurz auf die zahlreichen italienischen Olivensorten zu sprechen kommen, die bei aller Schlichtheit einen unverzichtbaren Bestandteil des Antipasti-Repertoires ausmachen – ob schwarz oder grün, klein oder groß, nur entsteint oder auch gefüllt oder gar mit würzenden Zutaten eingelegt.

Jede Region, in der Oliven gedeihen, kennt eigene Rezepte für deren Verarbeitung. Sehr verbreitet sind die besonders großen, festen grünen Oliven, die meist aus Kalabrien stammen und in Salzlake eingelegt sind. Des Weiteren umfasst das Angebot die gelblich grünen, weichen Oliven aus Sizilien, die oft mit Chilischoten in Olivenöl mariniert sind; die violettschwarz glänzen-

VENEZIA. - UN CAFFÈ IN RIVA DEGLI SCHIAVONI.

den aus Ligurien; die kleinen, runzligen und tiefschwarzen, die meist aus Mittelitalien kommen – sie sind erst in Lake eingelegt und dann kurz im Ofen gedörrt; und schließlich die vor allem im Süden als Kochzutat sehr beliebten Gaeta-Oliven: schwarz, in Salz eingelegt und dann mit Öl eingerieben. Die große Auswahl in den *salumerie* mag zunächst verwirren, man darf aber normalerweise vor dem Kauf kosten.

Ein herrliches Antipasto, das man in den meisten traditionsbewussten Restaurants von Rom bis Neapel bestellen kann, ist das *fritto misto vegetariano.* Während andere Varianten Fleisch und Meeresfrüchte enthalten, ist diese ausschließlich aus gemischten Gemüsezutaten zubereitet. Zucchini und Zucchiniblüten, zarte Artischocken, einst eine Spezialität aus dem jüdischen Viertel in Rom, Auberginen, Spargelspitzen, Zwiebeln, Paprikaschoten, Fenchel, Blumenkohlröschen und Steinpilzhüte werden durch einen ganz leichten Backteig gezogen und anschließend frittiert. Je nach Geschmack wird der Ausbackteig mit einem trockenen Weißwein angerührt. In den meisten Fällen gehören neben dem Gemüse noch ausgebackene Mozzarellabällchen dazu.

Jede Saison hat ihre jeweils typischen Gemüsesorten. Im Frühjahr freue ich mich auf den weißen Spargel. Der beste kommt aus dem Friaul, der Region an der nordöstlichen Grenze zu Österreich. Er wird einfach gedämpft, mit Olivenöl und Zitronensaft beträufelt und raumtemperiert serviert.

Ein anderes Gemüse, das auf Märkten und Antipastobüfetts den Frühling ankündigt, sind Dicke Bohnen. Wenn man am Ersten Mai das alte römische Stadtviertel Trastevere durchstreift, sieht man in den engen Gassen immer wieder Männer beim Karten spielen. Dabei essen sie die zarten, jungen Bohnenkerne direkt aus den Hülsen, begleitet vielleicht von *pecorino romano*, dem lokalen pikanten Schafkäse, und, da diese Kombination nicht nur Appetit, sondern auch Durst macht, gelegentlich einem kräftigen Schluck Weißwein von den Frascatihügeln. In der Toskana bekommt man rohe Dicke Bohnen manchmal zum Abschluss einer Mahlzeit. Als Vorspeise werden sie mit gewürfeltem mildem *pecorino toscano* kombiniert und mit Olivenöl beträufelt.

Ein sommerlicher Hochgenuss sind die aromatischen Tomaten, die in verschiedenerlei Gestalt auftreten. Bevorzugt werden sie halbiert, mit Petersilie und Knoblauch bestreut und im Ofen gebräunt oder auch ausgehöhlt und mit diversen Zutaten gefüllt. In Süditalien kann man in den kleinen, am Strauch gereiften Kirschtomaten – *pomodorini* – schwelgen. Sie schmecken derart intensiv, dass man sie am besten pur genießt – beinahe wie Pralinen.

Sonnengetrocknete Tomaten bilden einen weiteren typisch süditalienischen Antipasto (sie sind überwiegend in italienischen Delikatessengeschäften zu finden). Es handelt sich um halbierte, gesalzene und mehrere Tage in der Sonne gedörrte Tomaten, die anschließend mit Gewürzen wie Oregano und Knoblauch in gutem Olivenöl eingelegt werden. Ob solo oder als Beigabe zu anderen Vorspeisen, sie sind einfach deliziös.

In den *salumerie* fällt häufig eine Zubereitung ins Auge, die nicht unbedingt italienisch anmutet und dies mit ihrem Namen bestätigt: *insalata russa*, im deutschsprachigen Raum als »Russischer Salat« bekannt. Er vereint beinahe ebenso viele Gemüsesorten, wie Volksgruppen in Russland leben: Rote Beten, Kartoffeln, Möhren, grüne Bohnen, Erbsen und anderes mehr, das Ganze mit einer üppigen Mayonnaise aus Olivenöl gebunden, auf einer großen Platte angerichtet und stets farbenfroh garniert.

Im Spätsommer und Frühherbst setzen die vollreifen Paprikaschoten auf dem Vorspeisenbüfett rote, gelbe und orangefarbene Akzente. Geröstet, in Streifen geschnitten und mit Knoblauchzehen, vielleicht auch einigen Sardellenfilets in Olivenöl mariniert, ergeben sie einen vorzüglichen Belag für *bruschette.* Sehr lecker schmecken sie auch gebacken mit einer herzhaften Füllung, zum Beispiel aus Schafkäse, Petersilie, Pinienkernen und Semmelbröseln.

Neben der Platte mit den Paprikaschoten steht im Frühherbst vielleicht ein Teller mit gerösteten *melanzane* (Auberginen), in Olivenöl mariniert und mit frischer Minze bestreut. Eine sizilianische Spezialität ist die *caponata,* gebratene Auberginenscheiben, eingelegt in eine süßsaure Sauce aus Tomaten, Zwiebeln, Kapern und Essig.

Hat der Herbst erst richtig Einzug gehalten, sprießen bei feuchtwarmer Witterung in den Wäldern die Pilze, und die Italiener werden wieder zu einem Volk von Sammlern. Vor allem halten sie Ausschau nach den fleischigen rötlich braunen *porcini*, und mit etwas Glück finden sie neben den Steinpilzen noch ein paar deliziöse Kaiserlinge, die im Italienischen aufgrund ihrer eiförmigen Gestalt *ovoli* heißen. Für eine Vorspeise schneidet man diese und andere Pilzarten zumeist roh in Scheiben und serviert sie als Salat, den man mit Olivenöl und Zitronensaft beträufelt und oft mit frisch gehobeltem Parmesan bestreut. Die Hüte von größeren Champignons werden gefüllt, wobei getrocknete wilde *porcini* den geschmacklich eher zahmen Zuchtpilzen eine aparte, erdige Note verleihen.

Käse und Eier

Käse »solo« wird in Italien eigentlich kaum als Vorspeise gegessen. Die große Ausnahme bildet frische Büffelmozzarella. Falls Sie in einer Gegend Süditaliens weilen, in der noch Büffel gehalten werden – berühmte Zentren sind Battipaglia und Caserta in der Region Kampanien –, dann probieren Sie unbedingt die nur pflaumengroßen Mozzarelle namens *bocconcini*. Eine seltene regionale Spezialität stellen die *burrini* oder *uova di bufala* (»Büffeleier«) dar: in eine Mozzarellahülle eingeschlossener Filata-Käse mit frischem Rahm. Nur am Tag der Herstellung und dann noch vor Mittag kann man, wie die Süditaliener behaupten, den wahren Mozzarellagenuss erleben. Dafür muss man natürlich an Ort und Stelle sein. Ist die Mozzarella in anderen Regionen schon mindestens einen Tag alt, ist sie trotzdem allem weit überlegen, was man jenseits des Brenners bekommt.

Ein anderer Käse, der sich inzwischen zu einer beliebten Vorspeise gemausert hat, ist *caprino* (Ziegenkäse). Gab es ihn früher nur in bestimmten Gegenden Sardiniens, der Abruzzen oder Kalabriens, ist er heute weit verbreitet – meist in Form von Bällchen, die in Olivenöl mit Kräutern eingelegt sind. In Mailand gibt es einen Kuhmilchkäse gleichen Namens, den er aufgrund seiner Kugelform erhielt.

Eine besondere Eierspeise der italienischen Küche ist die *frittata*, die sich grob mit einem Omelett vergleichen lässt. Bei näherer Betrachtung ergeben sich jedoch grundlegende Unterschiede. Man lässt die Eimasse auf dem Herd langsam stocken, bis sie fest, aber innen noch feucht ist. Gewöhnlich wird sie mit einer weiteren Zutat wie Käse, Zwiebeln, Zucchini oder Pilzen angereichert, wobei auch verschiedenste Kombinationen möglich sind. Eine *frittata* – immer rund und flach – wird zum Schluss niemals zusammengeklappt, sondern wie eine Torte aufgeschnitten. Bevorzugt serviert man sie raumtemperiert als Vorspeise, häufig auch als Bestandteil eines Büfetts. Auch hart gekocht kommen Eier häufig zum Einsatz, zum Beispiel unterschiedlich gefüllt oder begleitet von einer würzigen grünen Sauce.

Fisch und Meeresfrüchte

Die Stiefelform Italiens ist gleichsam Programm: Auf drei Seiten ist das Land vom Mittelmeer umgeben, sein Küstenstreifen beläuft sich – Sizilien und Sardinien wie auch die kleineren Inseln mitgerechnet – auf über 5000 Kilometer. Von den 20 Regionen grenzen 15 ans Meer und die übrigen können diverse Seen und Flüsse vorweisen. Daher bilden Fisch, Schal- und Krustentiere seit jeher eine Säule der italienischen Küche, die im Verlauf der Jahrhunderte dafür ein reiches Rezeptrepertoire entwickelt hat.

Viele dieser köstlichen Zubereitungen gehören zur Kategorie der Antipasti. Mit den besten Fisch Italiens bekommt man in Mailand und den anderen Metropolen des Nordens, doch kann jede Region mit vorzüglichen Gaumenfreuden aus der Fischküche aufwarten. Ergreifen Sie jede Gelegenheit zu einer Kostprobe beim Schopfe, denn vieles, was das Mittelmeer hervorbringt, werden Sie anderenorts nicht finden.

Jedes Mal wenn ich ein alteingesessenes, traditionsbewusstes Restaurant in Rom betrete, gerate ich angesichts der Vielzahl von Schaltieren, die manchmal buchstäblich kübelweise dort stehen, ins Staunen. Trotz des Überangebotes abgepackter oder tiefgefrorener Supermarktprodukte hat der Geist des Sammlers und Jägers offenbar überlebt. Manche der Schalen und Gehäuse sind höchstens drei Zentimeter groß, sie bergen entsprechend winzige Leckerbissen. Ich erinnere mich noch an Zeiten, als die kleinen Schnecken, die oft *chiocciola* genannt wurden, roh als Delikatesse galten. Heute ist jedoch Vorsicht angebracht. Daher kocht man sie meist, vielleicht zusammen mit einem Lorbeerblatt für zusätzliches Aroma. Mit einem Zahnstocher angelt man die köstlichen Tierchen dann aus ihrem Versteck.

Keine Antipastovitrine, die Anspruch auf Vollständigkeit erhebt, kommt ohne ein größeres Angebot an Muscheln aus. Besonders gängig sind die *cozze* (Miesmuscheln). Sie werden in Weißwein gedämpft, aber gern auch in den Schalenhälften gratiniert. Drei besonders geschätzte und begehrte Muschelarten sind die *datteri di mare* (Stein- oder Meerdatteln), die selteneren *tartufi di mare* (Raue Venusmuscheln), verwandt mit den weiter verbreiteten und in verschiedenen Größen angebotenen *vongole* (Strahlige Venusmuscheln), sowie die *cannolicchi* (Messerscheiden) mit ihrer charakteristischen Schalenform.

In den italienischen Gewässern gedeihen auch Austern – *ostriche*. Heutzutage werden sie in einigen nördlichen und südlichen Regionen in großem Stil gezüchtet. Sicher, viele verspeisen diese kostspielige Delikatesse ausschließlich roh mit einem Spritzer Zitronensaft und halten alle anderen Formen des Verzehrs für frevlerisch. Trotzdem empfehle ich Ihnen bei einem Besuch in Apulien, unbedingt die gebackenen Austern unter einer knusprigen Kruste aus Semmelbröseln und Petersilie zu probieren.

...TRATTORIA
CASA FONDATA NEL 1851 BUCCI...
CAV. BONFIGLIO BUCCI
GIUSEPPE BUCCI GALADINI
1925
PIAZZA COPPELLE ROMA VIC. DELLE COPPELLE
TELEFONO 64-34
SERVIZIO A DOMICILIO

Krustentiere wie Hummer und Riesengarnelen kommen vornehmlich in Gerichten für den ersten Gang – etwa in Pastasaucen, Risottos und Suppen – oder als Hauptspeise auf den Tisch. Die kleineren Sorten aber wie Scampi oder *gamberetti* ergeben, kurz gekocht und einfach mit Olivenöl und Zitronensaft angemacht, ein klassisches Antipasto. Bei Da Antonio, einem der besten Fischrestaurants in ganz Italien – und das trotz seiner Lage mitten im Chianti, genauer in Castelnuovo Berardenga – bekommt man als Vorspeise einzelne Riesengarnelen, die ebenso originell wie schmackhaft zubereitet werden: Der Schwanz wird beispielsweise geschält und erhält als neue Umhüllung eine Zucchiniblüte.

Besonders appetitanregend ist ein Teller mit frischen Sardellen, in Italien *alici* genannt (das Wort *acciughe* wird gewöhnlich für eingelegte Sardellen verwendet). Auf den italienischen Fischmärkten waren die aufgetürmten frischen Sardellen, deren silbrige Schuppen in der Sonne glitzerten, einst ein ganz gewöhnlicher Anblick. Inzwischen machen sie sich rar und die Konservenindustrie muss das Rohmaterial aus der Türkei und vom Schwarzen Meer einführen. Bedauerlicherweise wurden die Bestände in italienischen Gewässern nicht nur überfischt, sondern möglicherweise unwiderruflich ihrer natürlichen Umgebung beraubt, da man ihnen mit Dynamit zu Leibe rückte. Nur hier und da kommen noch einheimische frische Sardellen in kleineren Mengen auf den Markt. Am besten schmecken sie roh, einfach nur filetiert und eingelegt in Olivenöl mit Zitronensaft. In den südlichen Küstengebieten gibt man zusätzlich gehackten Knoblauch, Petersilie, Pfeffer und Oregano in die Marinade. Fangfrische Sardellen sind einzigartig im Geschmack, das heißt, je weniger mit ihnen passiert, desto besser.

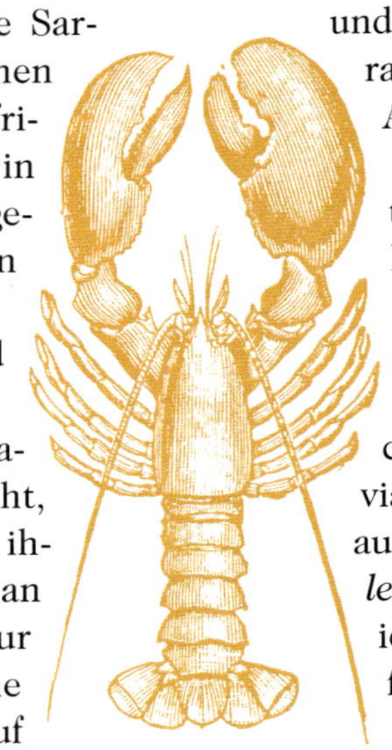

Vor allem die Römer lieben zur Vorspeise Thunfisch in Öl. In der Toskana bereitet man Thunfisch mit roten Zwiebeln und weißen Bohnen zu oder füllt ihn, für ein ebenso schlichtes wie elegantes Antipasto, in Tomaten. In der örtlichen *salumeria* wird eingelegter Thunfisch aus einem großen Fass nach Gewicht verkauft, wobei die Italiener dem etwas teureren Bauchfleisch *(ventresca)* den Vorzug geben.

Ein Klassiker unter den italienischen Fischvorspeisen stammt keineswegs von der Küste, sondern vielmehr aus dem Gebiet der nördlichen »Seenplatte«. Die Rede ist von *carpione*, einem uralten Gericht, das bisweilen auch andere Namen trägt. Während es ursprünglich mit Karpfen zubereitet wurde, verwendet man heute zumeist Sardinen oder andere kleine Fische. Sie werden leicht gebraten und anschließend mehrere Tage in Rotweinessig mit Zwiebeln und Lorbeer mariniert. Nach dem gleichen Verfahren bereiten die Venezianer ihre Sardinen *in saor* zu, wobei sie noch Rosinen und kandierte Zitronenschale zufügen. In Süditalien dagegen würzt man den Essig mit Minze und nennt diese Zubereitungsart *in scapece.*

Auf ganz andere Weise behandeln die Lombarden einen Fisch aus dem Comer See namens *agone* – die Finte. Der Fisch wird an der Luft getrocknet und anschließend bis zu seiner Verwendung in speziellen Fässern gelagert. Für ein Gericht mit der lokalen Bezeichnung *missoltit* wird der Fisch sanft gebraten oder gegrillt, bis sich die Haut löst, und dann mit Salz und etwas Rotweinessig gewürzt. In den Restaurants am Seeufer bekommt man *missoltit* als Antipasto oder mit Polenta als Hauptgang.

Italienische Restaurants, die eine internationale Küche pflegen, bieten als Vorspeise häufig auch Räucherlachs und Kaviar an. Mit den eher traditionellen und lokalen Zubereitungen ist man in der Regel jedoch besser beraten; denn der Lachs stammt mit ziemlicher Sicherheit aus einem Zuchtbetrieb. Kaviar hingegen gab es früher einmal von Stören aus dem Po. Wann ich echt italienischen *caviale* jedoch das letzte Mal gesehen habe, vermag ich nicht mehr zu sagen. Trotz allem habe ich für jene, die eventuell geräucherten Wildlachs oder guten Kaviar im Hause haben, einige Rezepte in das Buch aufgenommen.

Zu guter Letzt noch eine Delikatesse, die weder Fisch noch Fleisch ist: die Schnecken, auf Italienisch *lumache.* In vielen Teilen Italiens gehören sie zu den traditionellen Antipasti für besondere Anlässe. Jede Region kennt dafür eigene Rezepte, die alle mit einer aufwendigen Reinigungsprozedur beginnen. In Neapel wurden Schnecken bis in die fünfziger Jahre an Straßenständen als Snack verkauft. Man aß sie auf einem Stück Brot, mit etwas Zitronensaft beträufelt. Im Piemont werden sie meist eingemehlt und in Öl gebraten, während die Römer sie im Gehäuse mit Tomaten, Zwiebeln, Knoblauch und Chilischoten garen. Eine kleine Ortschaft gleich unterhalb der Badia a Coltibuono, unserem toskanischen Domizil und Weingut, veranstaltet alljährlich die *Sagra delle Lumache*, ein kulinarisches Fest zu Ehren der Schnecke. Natürlich wäre ein Besuch nur eine halbe Sache ohne eine Portion *lumache* in dicker Tomaten-Schinken-Sauce. Für eine Vorspeise rechnet man 40 Stück pro Kopf.

OLIO PURO D'OLIVA
DIANA
IL MIGLIOR OLIO D'OLIVA
DELLA DITTA
MASSARDO DIANA & C.
SAMPIERDARENA
EDIZIONI - MUGGIANI - MILANO

VORRÄTE FÜR DIE ANTIPASTOKÜCHE

Nachfolgend einige Grundzutaten, die nicht nur für Antipasti, sondern für zahlreiche andere italienische Gerichte unverzichtbar sind. Zumindest kleine Vorräte davon sollten Sie unbedingt im Hause haben. So sind Sie jederzeit für Überraschungsgäste gerüstet.

Aufstriche

Die italienische Etikettenbezeichnung dieser Produkte lautet *paste.* Besonders nützlich sind hochwertige Aufstriche, die schwarze oder weiße Trüffeln, Steinpilze oder Sardellen enthalten.

Buttermischungen

Mit würzigen Zutaten vermischt und von cremiger Konsistenz, ergibt Butter einen feinen Aufstrich für *crostini* und *tartine.* Sardellen-, Schinken-, Petersilien- und Trüffelbutter etwa lassen sich ohne weiteres im Mixer selbst herstellen. Im Kühlschrank halten sich die Mischungen mehrere Wochen. Bei fertig gekaufter Trüffelbutter kann man herbe Enttäuschungen erleben, vor allem wenn sie Weiße Trüffeln enthält. Sehen Sie sich daher die Zutatenliste auf der Verpackung an und wählen Sie möglichst ein Produkt aus *Tuber magnatum pico* – das ist der botanische Name für *die* Weiße Trüffel. Ein wichtiger Qualitätshinweis sind auch die kleinen bräunlich gelben Trüffelstückchen, die durch das Glas in der Butter sichtbar sein sollten.

Essig

Nicht nur für Salate, sondern auch zum Marinieren von Fleisch und Fisch, zum Einlegen oder für süßsaure Saucen benötigt man immer wieder Essig. Lagern Sie daher ruhig einige Flaschen guten Weiß- und Rotweinessig ein. Sie können außerdem mit diversen Kräutern aromatische Essige selbst herstellen. Besonders zu empfehlen sind Estragon-, Salbei- und Basilikumessig, die viele Speisen fein abrunden.

Aceto Balsamico ist ein Thema für sich. Zunächst muss man wissen, dass es sich bei echtem *Balsamico* nicht um Essig handelt, sondern um eine Würze. Sein Herkunftsgebiet liegt in der Emilia-Romagna, genauer gesagt in den Gebieten um Modena und um Reggio. Der liebliche Most der weißen Trebbianotrauben wird eingekocht und muss anschließend jahrzehntelang in unterschiedlich dimensionierten Fässern aus diversen Hölzern reifen. So entsteht der tiefbraun schimmernde, beinahe sirupartige *Balsamico* mit seinem vollen, angenehm säuerlichen Aroma und der zugleich süßlichen Note. Ein Konsortium von Erzeugern in Modena vergibt das offizielle Qualitätsprädikat *Aceto Balsamico Tradizionale di Modena,* daneben bringen seriöse Hersteller *Balsamico* unter eigenem Namen auf den Markt. In jedem Fall ist das Original sehr kostspielig, dafür aber äußerst sparsam im Gebrauch: Schon einige Tropfen geben manchem Gericht den letzten Pfiff.

Das Angebot umfasst darüber hinaus guten Essig, der mit echtem *Balsamico* verschnitten wurde. Er ist dünnflüssiger, weniger aromatisch und auch preiswerter, für gewisse Speisen aber völlig ausreichend. Hüten Sie sich indes vor so genanntem Balsamessig, der seinen Geschmack einzig dem Zusatz von Zucker oder Karamell verdankt. Im Zweifelsfall investieren Sie lieber etwas mehr für die Beratung eines Delikatessenhändlers Ihres Vertrauens, der sich auskennt und einen Ruf zu wahren hat.

Gemüse in Essig oder Öl

In gutem Weißweinessig oder Olivenöl eingelegtes Gemüse – *sottaceti* und *sottoli* –, nach Belieben auch in bunter Mischung, bildet eine schmackhafte Ergänzung zu einer Vorspeise und dient als Garnierung für kalte Fleischgerichte. In Italien bekommt man durchaus gute Produkte, doch kann man ebenso hereinfallen, da bisweilen auch minderwertige Zutaten verarbeitet werden. Daher empfiehlt es sich, selbst zur Tat zu schreiten, was nebenbei auch Spaß macht.

Gewürze

Gewürznelken werden im Ganzen verwendet. Muskatnuss reibt man nach Bedarf frisch und auch Pfeffer, ob schwarz oder weiß, wird frisch gemahlen. Zerkrümelte getrocknete *peperoncini*, die feurigen Pfefferschoten oder Chiliflocken, lassen sich gut dosieren.

Kapern

Die besten Kapern der Welt kommen von Pantelleria und Salina, zwei kleinen Inseln vor der Küste Siziliens. Dort konserviert man sie gewöhnlich in Salz, das ihren Geschmack im Gegensatz zu Öl unverfälscht erhält. Kapern kommen in verschiedenen Größen auf den Markt. Ich entscheide mich meist für die goldene Mitte, da die dickeren Exemplare oft etwas weich sind und die besonders kleinen es manchmal an Aroma missen lassen. In Italien werden gesalzene Kapern offen verkauft. Wenn Sie sie in Gläsern kaufen, wählen Sie eine möglichst kleine Menge, da die Kapern nach einer gewissen Zeit selbst im Kühlschrank unweigerlich austrocknen. Eingesalzene Kapern werden vor der Verwendung gründlich abgespült.

Käse

Parmigiano Reggiano ist unzweifelhaft der Superstar unter den so vielfältigen italienischen Käsesorten. Genau wie natives Olivenöl extra hat er seinen Preis, aber dafür auch einen ganz besonderen Geschmack. Von bereits geriebenem, abgepacktem Parmesan rate ich unbedingt ab. Erst in Käsepapier und anschließend noch fest in Folie gewickelt, hält sich Parmesan am Stück im Kühlschrank mehrere Monate. Frischer *parmigiano* mundet auch vorzüglich als Tafelkäse.

Knoblauch

Wählen Sie feste und makellose Knollen aus. Der Kühlschrank ist wegen der Aromaübertragung als Aufbewahrungsort ungeeignet, ideal ist hingegen ein zwar kühler, aber trockener Platz. Dort hält er sich etliche Wochen. Auch wenn er ausgetrieben hat, kann man ihn ohne weiteres noch verwenden, sollte aber den Spross entfernen. Knoblauchpulver oder -flocken sind kein adäquater Ersatz.

Kräuter

Was wäre die italienische Küche ohne Kräuter. Nach Möglichkeit sollten die meisten Arten frisch verwendet werden. Aber auch in getrockneter, nicht jedoch in pulverisierter Form sind sie in manchen Fällen akzeptabel.

Basilikum büßt beim Trocknen seinen unverwechselbaren Geschmack ein. Auch die verschiedenen anderen Konservierungsmethoden haben sich in meinen Versuchen als unbrauchbar herausgestellt. Daher mein Fazit: Im Winter sollte man besser auf andere Kräuter ausweichen, und sobald die Tage freundlicher werden, sprießt auf einem sonnigen Fensterbrett in einem Töpfchen bereits wieder das frische Basilikum und versorgt uns laufend mit seinen wundervoll aromatischen Blättern.

Lorbeerblätter – auf Italienisch *alloro* – besitzen ebenfalls einen ganz charakteristischen, bitter-würzigen Geschmack. Man bekommt sie getrocknet in jedem Supermarkt.

Majoran wächst im Mittelmeerraum wild und entwickelt dort ein kräftigeres Aroma als die kultivierten Sorten. Er lässt sich gut trocknen.

Oregano duftet ähnlich wie Majoran, aber intensiver, und bewahrt sein Aroma ebenfalls beim Trocknen.

Petersilie verliert ihr gesamtes Aroma beim Trocknen, kann aber eingefroren werden. Für italienische Gerichte kommt nur die glattblättrige Form mit ihrem besonders ausgeprägten Aroma in Frage.

Rosmarin verleiht vielen italienischen Speisen eine typische Würze. Das Aroma bleibt beim Trocknen erhalten, verliert sich aber nach einigen Monaten.

Safran wird aus den kleinen Narben bestimmter Krokusblüten gewonnen, was seinen hohen Preis erklärt. Den sollten Sie aber unbedingt in Kauf nehmen, denn minderwertige Produkte besitzen entweder kein Aroma oder sind mit Gelbwurz versetzt und verleihen damit ihren Gerichten einen Currygeschmack.

Salbei besitzt einen kräftigen und dabei eigentümlich muffigen Geschmack. Er übersteht das Trocknen recht gut.

Oliven

Oliven erleiden durch das Entsteinen und Konservieren in Gläsern erhebliche Geschmackseinbußen. Kaufen Sie sie daher nach Möglichkeit offen.

Olivenöl

Nur kaltgepresstes Olivenöl aus erster Pressung – im Handel als »natives Olivenöl extra« deklariert – verleiht Ihren Zubereitungen das echt italienische Flair. Umgekehrt verdirbt ein minderwertiges Produkt jede Speise, und seien die übrigen Zutaten noch so erlesen. Die Gewinnung von gutem Olivenöl ist mit einigem Aufwand verbunden, was auch den vergleichsweise hohen Preis erklärt. Die italienischen Etiketten sind oft wenig aufschlussreich, vertrauen Sie deshalb einem seriösen Händler.

Pancetta

Hierbei handelt es sich um gepökelten und gewürzten, aber ungeräucherten Bauchspeck. Anstelle des original italienischen Produkts können Sie auch Frühstücksspeck verwenden. Pancetta am Stück hängen Sie an einen kühlen, gut belüfteten Platz. Alternativ lagern Sie ihn, gut eingewickelt, im Kühlschrank.

Pinienkerne

Als *pinoli* sind die Samen der Zirbelkiefer in Italien im Handel. Es empfiehlt sich, einen kleinen Vorrat anzulegen, da sie in etlichen italienischen Rezepten benötigt werden. Sie sollten jedoch nicht geröstet, sondern frisch abgepackt sein.

Sardellen

Wählen Sie möglichst ganze Sardellenfilets, eingelegt in Salz oder in Olivenöl. Letztere sind aus zweierlei Gründen praktisch: Da sie in Gläsern gehandelt werden, sieht man genau, was man kauft – je fleischiger die Filets, desto besser. Außerdem lässt sich ein Glas einfach wieder verschließen und man kann den Rest noch mehrere Wochen im Kühlschrank aufbewahren. Das Öl selbst ist meist von minderer Qualität und sollte daher nicht verwendet werden. Eingesalzene Sardellen werden vor der Verwendung gut abgespült.

Semmelbrösel

Im Mixer lassen sich Semmelbrösel aus gutem, altbackenem Brot selbst herstellen. Sie werden in einem fest verschlossenen Glas trocken aufbewahrt.

Steinpilze

Das urwüchsige, leicht erdige Aroma der Steinpilze erfährt durch den Trocknungsprozess eine weitere Intensivierung. So gehören *porcini* zu den wohl duftintensivsten Ingredienzen in der Speisekammer. Gute Qualität erkennen Sie an großen cremefarbenen Scheiben, während Sie bei Packungen mit dunklem, bröckeligem Inhalt von einem Kauf absehen sollten. In einem fest verschlossenen Glas trocken gelagert, halten sich Steinpilze nahezu unbegrenzt.

Thunfisch in Öl

Entscheiden Sie sich möglichst für italienischen Thunfisch, auch wenn er etwas mehr kostet. Die Dosenaufschrift *ventresca* weist darauf hin, dass es sich um Bauchfleisch handelt, das in Geschmack und Konsistenz anderen Produkten überlegen ist.

Tomaten

Zur Grundausstattung einer italienischen Speisekammer gehören unbedingt einige Gläser gute italienische Tomatensauce sowie ein paar Dosen mit geschälten ganzen und gestückelten Eiertomaten, die in guter Qualität unter der Bezeichnung *Pelati* im Handel zu finden sind. Auch Tomatenmark in der Tube erweist sich mitunter als praktisch, um den Geschmack fertiger Saucen zu verstärken und sie dickflüssiger zu machen.

Sonnengetrocknete Tomaten werden eingeweicht und dann in Öl eingelegt, was einige Zeit in Anspruch nimmt. Kaufen Sie sie daher am besten gleich in Öl.

Zwiebeln

Ein paar Küchen- und einige rote Zwiebeln sollen stets in der Vorratskammer lagern. Feste Exemplare mit unverletzter Schale halten sich an einem dunklen, trockenen Ort mehrere Monate. Sobald sie austreiben, setzt im Inneren ein Fäulnisprozess ein.

TEIL II

Mit den Fingern zu essen

Ein Vorteil vieler der hier vorgestellten Antipasti besteht darin, dass man sie auch ohne Teller und Besteck »mit Anstand« verspeisen kann. Bei manchen käme man sogar ohne Serviette aus – wenn Sie sie dennoch bereitlegen, werden Ihre Gäste aber bestimmt gern danach greifen.

Fingerfood – dieser Begriff bürgert sich auch hierzulande zunehmend ein – bietet sich für die unterschiedlichsten Situationen an. Da die meisten dieser Snacks eher leicht sind, empfehlen sie sich bestens für eine Cocktailparty. Andere Rezepte sind dagegen üppiger und somit dann angesagt, wenn Sie mit hungrigen Gästen rechnen.

Snacks, die sich bequem im Voraus zubereiten lassen, reiche ich oft zu einem Glas Weißwein als Aperitif, während wir darauf warten, dass alle Gäste eintreffen, und ich in der Küche noch einmal nach dem Rechten sehe.

Da die Appetithappen in diesem Kapitel in der Regel auch raumtemperiert munden, eignen sie sich ebenso für ein Partybüfett. Fast erübrigt es sich anzumerken, dass die meisten von ihnen – ausgenommen die kleinen *tartine* – auch gut als Vorspeise im klassischen Sinne serviert werden können. Vor allem die warmen Zubereitungen bilden eine gelungene Einstimmung auf das eigentliche Essen, wobei Sie einzelne auswählen oder auch beliebige Kombinationen zusammenstellen können. Viele der Rezeptvorschläge ergeben übrigens durchaus auch ein leichtes Mittag- oder Abendessen.

Bruschette, Crostini, Tartine
Geröstete Brote, fein belegt, und Sandwiches

Diese erste Gruppe von Antipasti basiert auf Brot, das in drei charakteristischen Varianten serviert wird. In allen Fällen werden die Brotscheiben geröstet und liefern damit eine krosse Unterlage für pikante, meist rustikale Beläge.

Für die *bruschette* werden geröstete Brotscheiben mit meist herzhaften Zutaten belegt. Aufgrund ihrer eher rustikalen Anmutung passen sie gut für zwanglose Anlässe. (Übrigens wird das »ch« in der Mitte des Wortes als »k« ausgesprochen, wie ich bei meinen Kochseminaren nicht müde werde zu betonen.)

Im Idealfall wird das Brot über Holzkohle oder zumindest im Ofen geröstet. Der Toaster gibt ihm nicht die authentische Konsistenz und Aromanote, stellt aber immerhin eine Alternative dar. Das Brot sollte eine ziemlich kernige Krume besitzen, wie man es von hausgebackenem Landbrot kennt – toskanisches Weißbrot vom deutschen Bäcker ist eine gute Alternative –, und nicht zu dünn geschnitten sein, denn es dient ja als Unterlage für einen meist üppigen Belag. Diesen kann man auch separat zu den *bruschette* reichen. Gelegentlich stelle ich ihn in einer Schale in die Mitte eines Korbes und verteile das Brot zur Selbstbedienung ringsum.

Mit den hier vorgestellen *bruschette* ist das Spektrum der Variationen längst nicht erschöpft. Lassen Sie Ihrer Fantasie beim Einkaufen freien Lauf. Ob Sie sich nun im Frühjahr von Dicken Bohnen, im Sommer von Tomaten, im Herbst von Pilzen oder im Winter von Bohnen inspirieren lassen, verwenden Sie unbedingt immer kaltgepresstes natives Olivenöl extra.

Bei *crostini* handelt es sich um kleinere geröstete Weißbrotscheiben mit verschiedenen Belägen. Sie sind unkompliziert in der Zubereitung und für formelle Anlässe genauso angebracht wie für ein Beisammensein mit Freunden. Optimal für *crostini* ist ein langes italienisches Weißbrot namens *frusta.* Falls Sie es nicht bekommen, achten Sie zumindest darauf, dass das Brot nicht löcherig ist – so würde es keine geeignete Unterlage für den meist feinen Belag abgeben. Es muss nicht weich sein, sollte eine schöne Kruste haben und darf auch vom Vortag stammen, denn meist wird es unter dem Grill oder im Toaster leicht geröstet. Obwohl *crostini* in der Regel mit Raumtemperatur gereicht werden, empfehle ich, sie nicht allzu früh zuzubereiten, da sonst das Brot aufweicht. Sie sind eine ideale Beigabe zum Aperitif. Eine Platte mit drei, vier Sorten ergibt aber auch eine ansprechende Vorspeise. Ein paar Kapern oder kleine Paprikastreifen bilden oft eine hübsche Dekoration. Besonders attraktiv wirken *crostini* auf einem Bett aus Weinlaub oder anderen schön gefärbten Blättern.

Während in manchen Kochbüchern *tartine* als Kanapees beschrieben werden, also fein belegte, aber nicht zusammengeklappte Schnittchen, verwende ich diesen italienischen Namen für kleine Sandwiches. Interessanterweise war das englische Wort *sandwich* zumindest im 19. Jahrhundert in Italien in Gebrauch: So überschrieb der berühmte Kochbuchautor Artusi das Antipastokapitel mit dem Titel *Crostini e Sandwiches.* Je nach Gusto verwende ich für die *tartine* Brot aus Auszugs- oder auch Vollkornmehl. Sie können die Scheiben nach Belieben in Quadrate, Dreiecke oder Rauten schneiden, sollten aber in jedem Fall die Kruste entfernen. Damit die Sandwiches nicht austrocknen, rate ich, sie nicht zu lange im Voraus zuzubereiten und bis zum Servieren, mit Klarsichtfolie abgedeckt, in den Kühlschrank zu stellen.

Für alle drei Kategorien dieser Brotspezialitäten sind am Ende des Buches Basisrezepte zu finden, nach denen das »richtige« Brot selbst gebacken werden kann.

Pistor. Der Becker.

IMportuna fames hominem quemcunq; fatigat,
Hic Pistoris opem supplice voce petat.
Ille dabit panem, tua quo ieiunia pellas,
Cordis & impasti vim reparare queas.

Viscera continuis vbi fracta laboribus arent,
Optimus hæc panis fortificare solet.
Omne genus comedas auium, genus omne ferarum,
Inuenias sapiat quod sine pane nihil.
Artifices igitur multos post terga relinquit,
Istius & cunctos artis egere patet.

Bruschetta con melanzane e pomodori

Bruschetta mit Auberginen und Tomaten

Eine Köstlichkeit im Sommer, wenn vollreife Tomaten zu bekommen sind, und auch zum ersten Gang oder Brunch zu servieren. Die Auberginen müssen nicht gesalzen und entwässert werden, da sie dabei ihren guten Geschmack verlieren. Wichtig ist nur, dass die Früchte ganz frisch sind.

Ergibt 6 Stück

6 reife Eiertomaten
Salz
1 Hand voll Basilikumblätter, gehackt
6 EL natives Olivenöl extra
2 Knoblauchzehen, gehackt
Frisch gemahlener Pfeffer
2 lange, eiförmige Auberginen
6 große Scheiben italienisches Bauernbrot, etwa 1 cm dick

Die Tomaten enthäuten und hacken. In einem Sieb mit Salz bestreuen und etwa 1 Stunde abtropfen lassen. In einer Schüssel mit dem Basilikum, 2 Esslöffeln Öl, dem Knoblauch und Pfeffer nach Geschmack vermischen. Die Auberginen von den Enden befreien, längs in Scheiben schneiden und auf beiden Seiten mit 2 Esslöffeln Öl bestreichen. Den Grill vorheizen. Die Auberginen auf dem Rost von beiden Seiten etwa 3 Minuten grillen, bis sie weich sind, danach leicht salzen. Unterdessen den Ofen auf 180 °C vorheizen.

Das Brot auf einem Backblech etwa 5 Minuten goldbraun rösten, dabei einmal wenden. Mit dem restlichen Öl bestreichen, mit den Auberginenscheiben belegen und die Tomaten darauf verteilen. Nochmals einige Minuten im Ofen durchwärmen und sogleich servieren.

Bruschetta con bottarga

Bruschetta mit mariniertem Rogen

Bottarga ist gesalzener, gepresster und in der Sonne getrockneter Fischrogen. Häufig stammt er vom Thunfisch, die bessere Qualität liefert aber die Meeräsche. Ich esse diese Spezialität auch gern zu Pasta oder mische sie mit Kichererbsen oder weißen Bohnen. Wichtig ist, dass man die *bottarga* in ganz feine Scheiben schneidet.

Ergibt 6 Stück

6 große Scheiben italienisches Bauernbrot, etwa 1 cm dick
150 g bottarga
Saft von 1 Zitrone
3 EL natives Olivenöl extra
Frisch gemahlener Pfeffer

Den Backofen auf 180 °C vorheizen. Die Brotscheiben auf einem Backblech in etwa 5 Minuten goldbraun rösten, dabei einmal wenden.

Inzwischen die *bottarga* in hauchdünne Scheiben schneiden. Mit dem Zitronensaft, 2 Esslöffeln Öl und Pfeffer nach Geschmack anmachen.

Die Brotscheiben auf einzelne Teller legen und mit dem restlichen Öl bestreichen. Die *bottarga* darauf anrichten und die Bruschette servieren.

Bruschetta di ricotta

Bruschetta mit Ricotta

Da diese Zubereitung recht üppig ist, kann sie auch gut zum ersten Gang oder bei einem Brunch serviert werden. Ich reiche sie sogar oft abends als Hauptspeise mit gedünstetem Spinat.

Ergibt 6 Stück

6 große Scheiben italienisches Bauernbrot, etwa 1 cm dick
2 EL natives Olivenöl extra
300 g Ricotta (italienischer Frischkäse)
2 Eier
120 g Fontina (italienischer Rohmilchkäse), frisch gerieben
1 Prise frisch geriebene Muskatnuss
Salz und frisch gemahlener Pfeffer

Den Backofen auf 200 °C vorheizen. Die Brotscheiben auf einem Backblech etwa 2 Minuten heiß werden lassen, dabei einmal wenden. Von einer Seite mit dem Öl bestreichen.

Inzwischen die Ricotta mit den Eiern, Fontina, Muskatnuss sowie etwas Salz und Pfeffer zu einer glatten Creme verrühren. Die Mischung in einen Spritzbeutel mit Sterntülle füllen und auf die Brotscheiben spritzen. Diese nochmals für etwa 15 Minuten in den Ofen schieben, bis sie appetitlich gebräunt sind. Sehr heiß servieren.

Bruschetta con fagioli

Bruschetta mit weißen Bohnen

Von den vielen Varianten weißer Bohnen erfreuen sich in Italien *cannellini* großer Beliebtheit, von ganz besonders guter Qualität sind die *zolfini*, sehr kleine, nahezu runde Bohnenkerne. Die Bohnen sollten auf kleinster Stufe garen. So ist es in der Toskana üblich, wo die meisten Hausfrauen noch einen holzbefeuerten Herd besitzen. Sie überlassen die Bohnen bei geringer Hitze stundenlang im verschlossenen Topf sich selbst, wobei das Wasser nicht sprudeln darf.

Ergibt 6 Stück

200 g getrocknete Cannellini
Einige frische Salbeiblätter
4 EL natives Olivenöl extra
6 große Scheiben italienisches Bauernbrot, etwa 1 cm dick
2 Knoblauchzehen
Salz und frisch gemahlener Pfeffer

Die Bohnen in einer Schüssel mit Wasser bedecken und etwa 12 Stunden einweichen.

Den Backofen auf 200 °C vorheizen. Die Bohnen abgießen und mit dem Salbei sowie 1 Esslöffel Öl in eine ofenfeste Kasserolle geben. Etwa 1 cm hoch mit Wasser bedecken und auf dem Herd im verschlossenen Topf sanft aufkochen lassen. Danach die Bohnen im Ofen etwa 3 Stunden leise köcheln lassen, bis sie die Konsistenz einer dicken Suppe annehmen.

Das Brot auf einem Backblech im Ofen in etwa 5 Minuten goldbraun rösten, dabei die Scheiben einmal wenden. Mit dem Knoblauch einreiben und auf einzelnen Tellern anrichten. Die Bohnen darauf verteilen, nach Geschmack salzen und pfeffern und mit dem restlichen Öl beträufeln. Sehr heiß servieren.

Bruschetta alla salsiccia

Bruschetta mit Fleischragout

Das hier vorgestellte Fleischragout schmeckt auch ganz ausgezeichnet zu Spaghetti oder Fettuccine.

Ergibt 6 Stück

300 g salsiccia (milde italienische Schweinswurst)
200 g mageres Schweinefleisch ohne Knochen
1 kleine Möhre
1 Stange Bleichsellerie
1 kleine Zwiebel
4 reife Eiertomaten
4 EL natives Olivenöl extra
1 EL Fenchelsamen
6 EL trockener Weißwein
1 EL frische Thymianblättchen
6 große Scheiben italienisches Bauernbrot, etwa 1 cm dick
Salz und frisch gemahlener Pfeffer

Die Würste enthäuten und das Brät in einer Schüssel zerkrümeln. Das Fleisch, die Möhre, den Sellerie und die Zwiebel fein hacken. Die Tomaten enthäuten und hacken.

2 Esslöffel Öl in einer Pfanne erhitzen. Möhre, Sellerie und Zwiebel bei mittlerer Temperatur etwa 3 Minuten unter ständigem Rühren dünsten, bis die Zwiebel glasig ist. Wurstbrät und Fleisch dazugeben und 3 Minuten braten. Fenchelsamen, Tomaten, Wein, Thymian, Salz und Pfeffer nach Geschmack hinzufügen. Das Ganze in der geschlossenen Pfanne bei kleinster Hitze etwa 1 Stunde schmoren, dabei gelegentlich umrühren und, falls die Mischung zu trocken wird, etwas Wasser hinzugießen. Zuletzt die überschüssige Flüssigkeit ohne Deckel verdampfen lassen.

Unterdessen den Backofen auf 180 °C vorheizen. Die Brotscheiben auf einem Backblech in etwa 5 Minuten goldbraun rösten, dabei einmal wenden. Mit dem restlichen Öl bestreichen und auf einzelnen Tellern anrichten. Das Ragout darauf verteilen und sehr heiß servieren.

Bruschetta ai peperoni

Bruschetta mit Paprika

Bei gebratenen Paprikaschoten kann die Haut unangenehm schmecken. Röstet man die Schoten dagegen im Ofen, wie in diesem Fall, stört sie mich persönlich nicht. Wenn Sie sie dennoch entfernen möchten, lassen Sie die heißen Schoten einfach 10 Minuten in einem verschlossenen Plastikbeutel schwitzen. So löst sich die Haut und lässt sich mühelos abziehen.

Ergibt 6 Stück

3 gelbe Paprikaschoten
4 EL natives Olivenöl extra
Salz und frisch gemahlener Pfeffer
3 Knoblauchzehen, gehackt
1 Hand voll frische Basilikumblätter, in Streifen geschnitten
6 große Scheiben italienisches Bauernbrot, etwa 1 cm dick

Den Backofen auf 180 °C vorheizen. Die Paprikaschoten halbieren, Samen und Scheidewände entfernen. Ein Backblech mit 1 Esslöffel Öl bestreichen. Die Paprikahälften mit der Schnittseite nach oben darauf legen und etwa 40 Minuten im Ofen rösten. Salzen und pfeffern, leicht abkühlen lassen. Mit 1 Esslöffel Öl beträufeln, mit dem Knoblauch und dem Basilikum bestreuen.

Inzwischen die Brotscheiben auf beiden Seiten mit dem restlichen Öl bestreichen und in etwa 5 Minuten im Ofen goldbraun rösten, dabei einmal wenden. Auf einzelnen Tellern anrichten, jeweils mit einer Paprikahälfte belegen und servieren.

Rechte Seite: Bruschetta mit Paprika

Bruschetta di cavolfiore

Bruschetta mit Blumenkohl

Blumenkohl wie auch seine Verwandten Brokkoli und Wirsing sind europäischer Herkunft. Schon im alten Rom standen sie hoch im Kurs, gehörten sie doch seinerzeit zu den wenigen Wintergemüsesorten. Brokkoli ist für dieses Rezept nicht nur farblich eine gute Alternative.

Ergibt 6 Stück

Salz
600 g Blumenkohl
6 EL natives Olivenöl extra
Frisch gemahlener Pfeffer
6 große Scheiben italienisches Bauernbrot, etwa 1 cm dick
2 Knoblauchzehen

In einem großen Topf reichlich Wasser zum Kochen bringen und salzen. Den Blumenkohl darin etwa 10 Minuten kochen. Abgießen, gründlich abtropfen lassen und noch heiß in Röschen teilen.

In einer großen Pfanne 3 Esslöffel Öl erhitzen. Die Blumenkohlröschen darin bei mittlerer Temperatur etwa 5 Minuten dünsten, dabei mehrmals vorsichtig durchmischen. Nach Geschmack salzen und pfeffern.

Unterdessen den Backofen auf 180 °C vorheizen. Die Brotscheiben auf einem Backblech in etwa 5 Minuten goldbraun rösten, dabei einmal wenden. Mit dem Knoblauch einreiben, auf einzelnen Tellern anrichten und mit dem restlichen Öl beträufeln. Den Blumenkohl darauf verteilen und die Bruschette sehr heiß servieren.

Bruschetta al tartufo

Bruschetta mit weißer Trüffel

Schon in der Renaissance als »Diamant der Küche« bekannt, gehört die weiße Trüffel bis heute zu den kostbarsten Ingredienzen. Sie wird traditionsgemäß zwischen November und Januar geerntet, wobei speziell ausgebildete Hunde sie in der Erde aufstöbern. Inzwischen bietet der Markt ganzjährig die sogenannten *scorzone*. Sie sehen zwar wie Trüffeln aus, lassen jedoch den intensiven und unverwechselbaren Duft vermissen.

Ergibt 6 Stück

1 weiße Trüffel, etwa 120 g
6 große Scheiben italienisches Bauernbrot, etwa 1 cm dick
45 g Butter, Raumtemperatur
6 EL frisch geriebener Parmesan

Den Backofen auf 200 °C vorheizen. Die Trüffel gründlich abbürsten, jedoch *keinesfalls* waschen.

Die Brotscheiben nebeneinander in eine gebutterte ofenfeste Form legen und auf der Oberseite mit 30 g Butter bestreichen. Die Trüffel darüber hobeln, mit dem Parmesan bestreuen und die restliche Butter in Flöckchen darauf verteilen. Die Bruschette etwa 10 Minuten in den Ofen schieben, bis das Brot appetitlich gebräunt und der Käse geschmolzen ist und Blasen wirft. Sehr heiß servieren.

Bruschetta alla cavolella e acciughe

Bruschetta mit Weißkohl und Sardellen

An kalten Tagen ist diese Vorspeise im Restaurant der Badia a Coltibuono sehr beliebt. Weißkohl wird in Italien auch gern als Salat gegessen, einfach in feine Streifen geschnitten und roh mit Öl, Essig und Salz angemacht.

Ergibt 6 Stück

6 große Scheiben italienisches Bauernbrot, etwa 1 cm dick
300 g Weißkohl
6 EL natives Olivenöl extra
3 Knoblauchzehen, gehackt
3 Sardellenfilets in Öl, abgetropft
2 EL Rotweinessig
Salz und frisch gemahlener Pfeffer

Den Grill vorheizen und das Brot goldbraun rösten, dabei die Scheiben einmal wenden. Unterdessen den Weißkohl in sehr feine Streifen schneiden.

In einer großen Pfanne 3 Esslöffel Öl bei mittlerer Temperatur erhitzen. Den Knoblauch mit den Sardellen 2 Minuten darin braten. Den Kohl, den Essig sowie Salz und Pfeffer nach Geschmack hinzufügen. Alles schnell vermischen und weiterbraten, bis der Kohl gerade eben weich wird.

Die Brotscheiben auf einzelne Teller legen und den Kohl darauf verteilen. Mit dem restlichen Öl beträufeln und sehr heiß servieren.

Bruschetta ai carciofi

Bruschetta mit Artischocken

Da die Artischocken in diesem Rezept roh verwendet werden, eignen sich nur ganz junge Exemplare.

Die besten Artischocken, die man in der Toskana findet, sind die besonders kleinen *morellini*. Sie enthalten kein Heu, und ihre zarten Blätter kann man ohne weiteres mitessen. Zu empfehlen sind auch die *mammoli*, zwar etwas größer, aber ohne stachelige Blattspitzen.

Ergibt 6 Stück

6 große Scheiben italienisches Bauernbrot, etwa 1 cm dick
6 kleine Artischocken
Saft von 1 Zitrone
120 g Parmesan im Stück
Salz und frisch gemahlener Pfeffer
3 EL natives Olivenöl extra

Den Backofen auf 180 °C vorheizen. Die Brotscheiben auf einem Backblech in etwa 5 Minuten goldbraun rösten, dabei einmal wenden.

Unterdessen von den Artischocken die harten Außenblätter und das Heu (falls vorhanden) entfernen. Die Früchte längs in dünne Scheiben schneiden und in eine Schüssel mit Wasser legen, das mit dem Zitronensaft gesäuert wurde – so laufen sie nicht dunkel an. Den Parmesan fein hobeln.

Die Artischocken abgießen und in einem Handtuch oder mit Küchenpapier sorgfältig trockentupfen. Die Brotscheiben auf einzelnen Tellern anrichten, mit den Artischocken belegen und den Parmesan darauf verteilen. Salzen und pfeffern, mit dem Öl beträufeln und servieren.

Crostini ai funghi

Crostini mit Pilzen

Steinpilze – *porcini* – wachsen nicht gerade an jeder Ecke. Wer einen Platz kennt, hütet sein Geheimnis. In der Umgebung von Coltibuono werde ich jedoch oft fündig, wenn ich mit meinen Enkeln losziehe. Diese Crostini munden warm besonders gut. Bereiten Sie daher alles so weit vor, dass Sie vor dem Servieren nur noch die Pilze auf den Toasts verteilen und das Ganze kurz in den Ofen schieben müssen.

Ergibt 12 Stück

12 Scheiben italienisches Weißbrot, zum Beispiel frusta, etwa ½ cm dick
300 g frische Steinpilze, ersatzweise Shiitake oder Champignons
3 EL natives Olivenöl extra
3 ganze Knoblauchzehen
Salz und frisch gemahlener Pfeffer
12 dünne Scheiben Fontina (italienischer Rohmilchkäse)

Den Backofen auf 180 °C vorheizen. Die Brotscheiben auf einem oder zwei Backblechen in etwa 3 Minuten goldbraun rösten, dabei einmal wenden. Auf Raumtemperatur abkühlen lassen.

Die Pilze putzen und in feine Scheiben schneiden. Das Öl mit dem Knoblauch in einer Pfanne erhitzen. Die Pilze darin bei hoher Temperatur etwa 5 Minuten braten, dabei mehrmals durchmischen, erst zum Schluss salzen und pfeffern. Die Pfanne vom Herd ziehen.

Den Käse auf die Größe der Brotscheiben zuschneiden und darauf legen. Unmittelbar vor dem Servieren die Pilze darauf verteilen und die Crostini nochmals für etwa 3 Minuten in den Ofen schieben, bis der Käse schmilzt. Auf einer Platte anrichten und sehr heiß servieren.

Crostini di spada

Crostini mit Schwertfisch-Carpaccio

Hauchdünn geschnittener roher Fisch erhält seinen Geschmack von einer Balsamico-Marinade. Anstelle von Schwertfisch können Sie auch Lachs oder Thunfisch verwenden. Legen Sie den Fisch etwa 30 Minuten in die Gefriertruhe: So lässt er sich anschließend mühelos hauchdünn schneiden.

Ergibt 12 Stück

12 Scheiben italienisches Weißbrot, zum Beispiel frusta, etwa ½ cm dick
3 EL natives Olivenöl extra
3 EL Aceto Balsamico
Salz und frisch gemahlener Pfeffer
120 g Schwertfischfilet, in hauchdünne Scheiben geschnitten
12 sehr dünne Scheiben von ungeschälten, unbehandelten Zitronen
1 EL fein gehackte glatte Petersilie

Den Backofen auf 180 °C vorheizen. Die Brotscheiben auf einem oder zwei Backblechen in etwa 3 Minuten goldbraun rösten, dabei einmal wenden. Auf Raumtemperatur abkühlen lassen und mit 1 Esslöffel Öl bestreichen.

Aus dem restlichen Öl, dem Balsamico sowie Salz und Pfeffer nach Geschmack eine Marinade bereiten. Den Schwertfisch hineinlegen, sodass er gleichmäßig von der Marinade überzogen ist. Auf jede Toastscheibe eine Zitronenscheibe legen und darauf den Fisch verteilen. Mit Petersilie bestreuen und servieren.

Crostini di crema di sardine

Crostini mit Sardinencreme

Für diese Crostini können Sie fertige Mayonnaise verwenden. Normalerweise stelle ich sie aber lieber selbst her. Sie ist im Mixer im Nu gemacht und hält sich im Kühlschrank einige Tage.

Ergibt 12 Stück

12 Scheiben italienisches Weißbrot, zum Beispiel frusta, etwa 1/2 cm dick
5 Sardinen aus der Dose
6 EL Mayonnaise (Seite 177), alternativ ein Fertigprodukt
2 Sardellenfilets in Öl, abgetropft
3 Tropfen Worcestershire-Sauce
1 EL Kapern in Essig, abgetropft

Den Backofen auf 180 °C vorheizen. Die Brotscheiben auf einem oder zwei Backblechen in etwa 3 Minuten goldbraun rösten, dabei einmal wenden. Auf Raumtemperatur abkühlen lassen.

Sardinen, Mayonnaise, Sardellenfilets, Worcestershire-Sauce und Kapern im Mixer zu einer glatten Creme pürieren. Die Crostini damit bestreichen, auf einer Platte anrichten und servieren.

Crostini al tonno

Crostini mit Thunfisch

Da diese Crostini im Handumdrehen fertig sind, gehören sie zu meinen Favoriten. Thunfisch aus der Dose wird in Italien vielseitig verwendet, für Saucen ebenso wie zum Füllen von Gemüse. Er ist auch die Hauptzutat einer Zubereitung namens *finto pesce*. Für diesen »falschen Fisch«, wie die Übersetzung lautet, wird eine Mischung aus zerstampften Kartoffeln, Mayonnaise und Thunfisch aus der Dose zu einem Fisch modelliert, dessen Augen von Kapern gebildet werden. Es war eine meiner Lieblingsspeisen in meiner Kindheit.

Ergibt 12 Stück

12 Scheiben italienisches Weißbrot, zum Beispiel frusta, etwa 1/2 cm dick
240 g Thunfisch in Öl
Eigelb von 3 hart gekochten Eiern
45 g weiche Butter
2 EL Zitronensaft
2 Sardellenfilets in Öl
12 sehr dünne Scheiben von ungeschälten, unbehandelten Zitronen
12 Kapern in Salz, abgespült

Den Backofen auf 180 °C vorheizen. Die Brotscheiben auf einem oder zwei Backblechen in etwa 3 Minuten goldbraun rösten, dabei einmal wenden. Auf Raumtemperatur abkühlen lassen.

Den Thunfisch mit dem Öl, dem Eigelb, der Butter, dem Zitronensaft und den Sardellenfilets im Mixer zu einer glatten Paste pürieren. Die Crostini damit bestreichen, jeweils mit einer Zitronenscheibe belegen und in der Mitte mit einer Kaper garnieren. Auf einer Platte anrichten und servieren.

Crostini al carpaccio e rucola

Crostini mit Carpaccio und Rucola

Das beste Fleischstück für dieses Rezept ist natürlich das Filet, aber auch die Nuss ist nicht zu verachten. Wenn Sie das Fleisch zuvor etwa 30 Minuten in die Gefriertruhe legen, lässt es sich ohne weiteres hauchdünn aufschneiden. Rucola sollte man niemals in der Küchenmaschine zerkleinern, sondern stets von Hand schneiden.

Ergibt 12 Stück

12 Scheiben italienisches Weißbrot, zum Beispiel frusta, etwa 1/2 cm dick
Saft von 2 Zitronen
12 hauchdünne Scheiben Rinderfilet
3 EL natives Olivenöl extra
3 Tropfen Tabascosauce
Salz und frisch gemahlener Pfeffer
90 g Rucola, in feine Streifen geschnitten

Den Backofen auf 180 °C vorheizen. Die Brotscheiben auf einem oder zwei Backblechen in etwa 3 Minuten goldbraun rösten, dabei einmal wenden. Auf Raumtemperatur abkühlen lassen.

Den Zitronensaft in eine Glasschüssel füllen und das Fleisch darin etwa 30 Minuten marinieren, dabei mehrmals wenden. Die Crostini mit 1 Esslöffel Öl bestreichen.

Das restliche Öl auf einem Teller mit der Tabascosauce sowie Salz und Pfeffer nach Geschmack verrühren. Das Fleisch abtropfen lassen und in dem gewürzten Öl wenden. Auf die Crostinischeiben verteilen und mit den Rucolastreifen bestreuen. Die Crostini auf einer Platte anrichten und servieren.

Crostini di rucola al balsamico

Crostini mit Rucola und Balsamico

Anstelle von Rucola können Sie auch frische Kräuter wie Estragon, Petersilie, Basilikum oder Schnittlauch verwenden.

Ergibt 12 Stück

1 Hand voll Rucola
12 Scheiben italienisches Weißbrot, zum Beispiel frusta, etwa 1/2 cm dick
210 g Ricotta (italienischer Frischkäse)
3 Frühlingszwiebeln, fein gehackt
15 g weiche Butter
1 EL Zitronensaft
1 EL Aceto Balsamico
Salz und frisch gemahlener Pfeffer

Die Rucola fein hacken, dabei einige ganze Blätter für die Garnierung beiseite legen.

Den Backofen auf 180 °C vorheizen. Die Brotscheiben auf einem oder zwei Backblechen in etwa 3 Minuten goldbraun rösten, dabei einmal wenden. Auf Raumtemperatur abkühlen lassen.

Die Ricotta mit den Frühlingszwiebeln, der Butter, dem Zitronensaft, Balsamico sowie Salz und Pfeffer nach Geschmack mit einer Gabel zu einer glatten Creme verarbeiten. Zuletzt die gehackte Rucola untermischen.

Die Crostini mit der Creme bestreichen. Die restlichen Rucolablätter in feine Streifen schneiden, die Crostini damit garnieren und servieren.

Rechte Seite: Crostini mit Carpaccio und Rucola

Crostini alla mozzarella

Crostini mit Mozzarella

Echte, frische Büffel-Mozzarella ist besonders hell in der Farbe und einmalig im Geschmack wie in der Konsistenz. Sie kommt aus Kampanien und wird nur im Frühjahr in kleinen Mengen hergestellt. Wegen der rasch zunehmenden Beliebtheit wird Mozarella zwischenzeitlich industriell aus Kuhmilch hergestellt; diese ist abgepackt und lose erhältlich und bietet einen recht akzeptablen Ersatz.

Ergibt 12 Stück

12 Scheiben italienisches Weißbrot, zum Beispiel frusta, etwa 1/2 cm dick
350 g Mozzarella, möglichst gute Qualität
6 Sardellenfilets in Öl, abgetropft und abgespült
1 EL natives Olivenöl extra
1 TL getrockneter Oregano
Frisch gemahlener Pfeffer

Den Backofen auf 180 °C vorheizen. Die Brotscheiben auf einem oder zwei Backblechen in etwa 3 Minuten goldbraun rösten, dabei einmal wenden.

Die Mozzarella in zwölf Scheiben schneiden, die Sardellenfilets längs halbieren.

Die Crostini mit dem Öl bestreichen. Jeweils mit einer Mozzarellascheibe belegen und in die Mitte ein aufgerolltes Sardellenfilet setzen. Mit dem Oregano bestreuen und nach Geschmack pfeffern. Nicht zu lange stehen lassen, da das Brot sonst weich wird.

Crostini di gamberetti

Crostini mit Garnelen

Bei diesem Rezept erhält die Mayonnaise durch Fenchelgrün und Petersilie eine appetitliche grüne Färbung, die einen eleganten Kontrast zu den Garnelen bildet. Sie können alles im Voraus zubereiten und im letzten Moment anrichten.

Ergibt 12 Stück

12 Garnelen, ausgelöst, der Darm entfernt
12 Scheiben italienisches Weißbrot, zum Beispiel frusta, etwa 1/2 cm dick
12 EL Mayonnaise (Seite 177), alternativ ein Fertigprodukt
2 hart gekochte Eier, geschält und gehackt
1 EL fein gehacktes Fenchelgrün
2 EL fein gehackte glatte Petersilie

Die Garnelen 2 Minuten in kochendem Wasser garen. Abgießen, gut abtropfen und abkühlen lassen.

Den Backofen auf 180 °C vorheizen. Die Brotscheiben auf einem oder zwei Backblechen in etwa 3 Minuten goldbraun rösten, dabei einmal wenden. Auf Raumtemperatur abkühlen lassen.

Unterdessen die Mayonnaise mit den Eiern, dem Fenchelgrün und der Petersilie vermischen und die Crostini großzügig damit bestreichen. Die Garnelen darauf setzen und servieren.

Crostini ai caprini e cetrioli

Crostini mit Ziegenkäse und Gurke

Im alten Ägypten waren Gurken sehr beliebt. Vermutlich wegen ihres hohen Wassergehalts – bei heißem, trockenem Klima ein großer Vorzug – stellten sie für die Pyramidenbauer sogar ein Hauptnahrungsmittel dar.

Ergibt 12 Stück

1 Salatgurke, geschält und gewürfelt
Salz
12 Scheiben italienisches Weißbrot, zum Beispiel frusta, etwa 1/2 cm dick
300 g Ziegenfrischkäse
2 EL frische Schnittlauchröllchen
3 EL natives Olivenöl extra
Frisch gemahlener Pfeffer

Die Gurkenwürfel in einem Sieb salzen und etwa 1 Stunde abtropfen lassen, danach trockentupfen.

Unterdessen den Backofen auf 180 °C vorheizen. Die Brotscheiben auf einem oder zwei Backblechen in etwa 3 Minuten goldbraun rösten, dabei einmal wenden. Auf Raumtemperatur abkühlen lassen.

Den Käse mit dem Schnittlauch, dem Öl und Pfeffer nach Geschmack gründlich vermischen und in einen Spritzbeutel mit großer Sterntülle füllen. Die Crostini mit den Gurkenwürfeln belegen und die Käsecreme darauf spritzen. Sogleich servieren.

Crostini di polenta al formaggio

Polenta-Crostini mit Ziegenkäse und Schnittlauch

Begleitet von einem Glas Weißwein mehren diese Appetithappen die Vorfreude auf Kommendes. Zur Abwechslung können Sie auch Fontinascheiben verwenden, die Sie mit etwas Paprikapulver bestauben. Die Polenta muss nur zehn Minuten kochen, weil sie mit weniger Wasser als gewöhnlich zubereitet wird und im Ofen noch weiter gart.

Ergibt 30 Stück

300 g gelber Maisgrieß (grobe Körnung)
1,3 l Wasser
Salz
3 EL natives Olivenöl extra
180 g Ziegenfrischkäse
2 EL frische Schnittlauchröllchen

Aus dem Maisgrieß und dem Wasser die Polenta nach dem Grundrezept (Seite 180) zubereiten. Auf eine benetzte Arbeitsfläche schütten und mit den angefeuchteten Händen flach drücken. Mit einem ebenfalls angefeuchteten Wellholz etwa 1/2 cm dick ausrollen und völlig erkalten lassen. Unterdessen den Backofen auf 180 °C vorheizen. Einen Ausstecher mit 5 cm Durchmesser kurz in Wasser tauchen und aus der Polenta Kreise ausstechen.

Ein Backblech mit etwas Öl bestreichen und die Polentataler nebeneinander darauf legen. Auf der Oberseite mit der Hälfte des restlichen Öls einpinseln und etwa 10 Minuten im Ofen rösten. Wenden, mit dem übrigen Öl einpinseln und weitere 5 Minuten goldbraun rösten.

Inzwischen den Käse in einen Spritzbeutel mit großer Sterntülle füllen und auf die Polenta-Crostini spritzen. Diese nochmals für einige Minuten in den Ofen schieben. Mit dem Schnittlauch bestreuen, auf einer Servierplatte anrichten und sehr heiß servieren.

Crostini di polenta e baccalà

Polenta-Crostini mit Klippfisch

Diese Crostini eignen sich auch gut zum ersten Gang. Dafür die ausgestochenen Polentakreise dachziegelartig auf einer ofenfesten Servierplatte anrichten und vor dem Servieren etwa 20 Minuten im Ofen bei 180 °C backen. *Baccalà,* das ist gesalzener und luftgetrockneter Kabeljau, bekommen Sie in italienischen Delikatessengeschäften. Gut gelingt das Rezept auch mit Fontinascheiben und vielleicht etwas gehobelter Trüffel.

Ergibt 18 Stück

300 g baccalà
1,3 l Wasser
Salz
300 g gelber Maisgrieß (grobe Körnung)
120 ml natives Olivenöl extra
1 EL fein gehackte glatte Petersilie

Den Fisch mit reichlich Wasser bedecken und dieses während der nächsten 24 Stunden mindestens sechsmal erneuern. Danach den Fisch abgießen, sorgfältig entgräten und beiseite stellen.

Für die Polenta das Wasser zum Kochen bringen und salzen. Den Maisgrieß langsam einstreuen, dabei ständig mit einem Holzlöffel rühren. Zugedeckt bei niedriger Temperatur etwa 10 Minuten kochen. Die Arbeitsfläche mit Wasser benetzen und die Polenta darauf schütten. Mit einem angefeuchteten Wellholz etwa ½ cm dick ausrollen und völlig erkalten lassen. Unterdessen den Backofen auf 180 °C vorheizen. Einen Ausstecher mit 5 cm Durchmesser kurz in Wasser tauchen und aus der Polenta Kreise ausstechen. Auf beiden Seiten mit insgesamt 2 Esslöffeln Öl bestreichen und auf ein Backblech legen. Für etwa 20 Minuten in den Ofen schieben, bis sie knusprig und goldbraun sind, dabei einmal wenden.

Inzwischen den Fisch mit dem restlichen Öl mit einem Holzlöffel cremig rühren. Dabei das Öl in feinem Strahl hinzugießen; dies ist dieselbe Technik wie bei der Mayonnaiseherstellung von Hand (Seite 177). Zuletzt die Petersilie unterziehen. Die Mischung auf den Polenta-Crostini verteilen und diese sogleich servieren.

Crostini con avocado e gorgonzola

Crostini mit Avocado und Gorgonzola

Ebenso apart wie schmackhaft ist diese Kombination. Frischer Gorgonzola hat eine sehr helle Farbe und ein dezentes Aroma. Auf Salatblättern angerichtet, sehen diese Crostini besonders hübsch aus.

Ergibt 12 Stück

12 Scheiben italienisches Weißbrot, zum Beispiel frusta, etwa ½ cm dick
2 Avocados
120 g sehr junger Gorgonzola
1 TL abgeriebene unbehandelte Zitronenschale

Den Backofen auf 180 °C vorheizen. Die Brotscheiben auf einem oder zwei Backblechen in etwa 3 Minuten goldbraun rösten, dabei einmal wenden. Auf Raumtemperatur abkühlen lassen.

Die Avocados halbieren, entsteinen und schälen. Das Fruchtfleisch mit einer Gabel fein zerdrücken. Den Gorgonzola und die Zitronenschale gründlich untermischen. Die Crostini mit der Creme bestreichen und sogleich servieren.

Tartine ai gamberetti

Garnelen-Sandwich

Gebratene Jakobsmuscheln, gekochtes Hummer- oder Krebsfleisch oder auch Reste von gekochtem Fisch bieten einen adäquaten Ersatz für die Garnelen.

Ergibt 12 Stück

180 g Garnelen, ausgelöst, der Darm entfernt
Salz
90 g Mascarpone
1 großes Eigelb
Saft von $^{1}/_{2}$ Zitrone
1 EL fein gehackte glatte Petersilie
Frisch gemahlener Pfeffer
12 Scheiben Kastenweißbrot (Seite 185), ersatzweise fertig gekauft

In einem großen Topf reichlich Wasser zum Kochen bringen. Die Garnelen hineingeben, salzen und nur 2 Minuten kochen, danach abgießen. Mit dem Mascarpone, dem Eigelb, dem Zitronensaft, der Petersilie sowie Pfeffer nach Geschmack im Mixer zu einer glatten Creme pürieren.

Die Hälfte der Brotscheiben damit bestreichen und jeweils mit einer Scheibe Brot bedecken. Die Sandwiches leicht zusammendrücken und diagonal halbieren. Auf einer Platte anrichten und servieren.

Tartine al tonno e cetriolini

Herzhafter Thunfisch-Sandwich

Diese sehr kleinen, in Essig eingelegten Gurken bekommt man in italienischen Delikatessengeschäften, oder man legt sie selbst ein (siehe Seite 176).

Ergibt 12 Stück

210 g Thunfisch in Öl oder Wasser, abgetropft
30 g Essiggürkchen, abgetropft
1 EL Kapern in Essig, abgetropft
1 Eigelb
1 Sardellenfilet aus der Dose, abgetropft
3 EL natives Olivenöl extra
6 grüne Salatblätter
12 Scheiben Kastenweißbrot (Seite 185), ersatzweise fertig gekauft

Thunfisch, Essiggürkchen, Kapern, Eigelb, Sardellenfilet und Öl im Mixer zu einer glatten Creme verarbeiten. Die Salatblätter auf die Größe der Brotscheiben zuschneiden.

Die Thunfischcreme auf sechs Brotscheiben streichen. Jeweils ein Salatblatt und wieder eine Scheibe Brot darauf legen. Die Sandwiches leicht zusammendrücken und diagonal halbieren. Auf einer Platte anrichten und servieren.

Tartine al prosciutto cotto

Schinken-Sandwich

Gewöhnlich bereite ich diesen Aufstrich mit Butter zu. Für eine leichtere Version können Sie stattdessen Ricotta verwenden, die Sie jedoch zunächst im Mixer cremig rühren müssen.

Ergibt 12 Stück

180 g gekochter Schinken
2 Sardellenfilets in Öl oder Salzlake, abgetropft
60 g weiche Butter
60 g Fontina (italienischer Rohmilchkäse), frisch gerieben
12 Scheiben Kastenweißbrot (Seite 185), ersatzweise fertig gekauft

Den Schinken mit den Sardellenfilets im Mixer pürieren. Die Butter mit einer Gabel cremig rühren. Den Käse und das Schinkenpüree gründlich untermischen.

Die Paste auf sechs Brotscheiben verstreichen und jeweils eine Scheibe Brot darauf legen. Die Sandwiches leicht zusammendrücken und diagonal halbieren. Auf einer Platte anrichten und servieren.

Tartine al pollo

Hühnerbrust-Sandwich

Ein klassisches italienisches Rezept für Hühnerbrust liefert die Grundlage für diese Sandwiches. Fein geschnittener Salat, gemischt mit gehackter Petersilie, verleiht ihnen eine frische Note.

Ergibt 12 Stück

1 EL natives Olivenöl extra
45 g weiche Butter
1 ganze Hühnerbrust (beide Hälften) ohne Knochen, in feine Scheiben geschnitten
4 EL Marsala
Salz und frisch gemahlener Pfeffer
2 EL mildwürziger Senf
12 Scheiben Weizenvollkornbrot (Seite 184), in der Kastenform gebacken, ersatzweise fertig gekauft
3 grüne Salatblätter, in feine Streifen geschnitten
1 EL fein gehackte glatte Petersilie

Das Öl mit einem Drittel der Butter in einer Pfanne erhitzen. Das Fleisch einige Minuten bei hoher Temperatur goldbraun anbraten, dabei gelegentlich mit einem Holzlöffel wenden. Mit dem Marsala ablöschen, salzen und pfeffern und bei niedriger Temperatur noch etwa 5 Minuten garen, bis die Flüssigkeit verdampft und das Fleisch weich ist. Aus der Pfanne nehmen und abkühlen lassen.

Unterdessen die restliche Butter mit dem Senf cremig rühren und die Hälfte der Brotscheiben damit bestreichen. Salat und Fleisch darauf verteilen, mit der Petersilie bestreuen und jeweils mit einer Scheibe Brot bedecken. Die Sandwiches leicht zusammendrücken und diagonal halbieren. Auf einer Platte anrichten und servieren.

Tartine al finocchio

Fenchel-Sandwich

Anstelle des Fontina eignen sich auch Emmentaler und Greyerzer für dieses Rezept. Manchmal verwende ich sogar Ricotta.

Ergibt 12 Stück

2 EL natives Olivenöl extra
1 kleine Zwiebel, in feine Scheiben geschnitten
2 Knollen Fenchel, in feine Scheiben geschnitten
Salz und frisch gemahlener Pfeffer
$^1/_2$ TL gemahlener Safran (nach Belieben)
12 Scheiben Weizenvollkornbrot (Seite 184), in der Kastenform gebacken, ersatzweise fertig gekauft
6 Scheiben Fontina (italienischer Rohmilchkäse), in der Größe der Brotscheiben

Das Öl in einem Topf erhitzen. Zwiebel und Fenchel bei niedriger Temperatur etwa 5 Minuten anschwitzen, dabei gelegentlich rühren. Nach Geschmack salzen und pfeffern. Etwas Wasser hinzufügen und das Gemüse zugedeckt noch 10 Minuten dünsten, bis der Fenchel richtig weich ist. Den Safran einrühren und die restliche Flüssigkeit verkochen lassen. Auf Raumtemperatur abkühlen lassen.

Auf der Hälfte der Brotscheiben den Käse und den Fenchel verteilen und jeweils eine Scheibe Brot darauf legen. Die Sandwiches leicht zusammendrücken und diagonal halbieren. Auf einer Platte anrichten und servieren.

Tartine di funghi e spinaci

Pilz-Spinat-Sandwich

Steinpilze werden nur von Juli bis November geerntet. Die schönsten Exemplare findet man bei warmer Witterung nach einem ausgiebigen Regen. Sammeln Sie Ihre Ausbeute niemals in Plastiktüten, sondern in Weidenkörben. Darin bekommen die Pilze Luft und werden nicht gedrückt. Ersatzweise eignen sich für dieses Rezept auch frische Champignons, die allerdings weniger intensiv schmecken.

Ergibt 12 Stück

120 g Steinpilze oder Champignons
120 g sehr frischer, kleinblättriger Spinat
3 EL natives Olivenöl extra
1 EL Zitronensaft
30 g Parmesan, in dünne Scheiben geschnitten
Salz und frisch gemahlener Pfeffer
12 Scheiben Kastenweißbrot oder Weizenvollkornbrot
(Seite 185 und 184), ersatzweise fertig gekauft

Die Pilze putzen und in sehr feine Scheiben schneiden. Mit den Spinatblättern, dem Öl, dem Zitronensaft, dem Parmesan sowie Salz und Pfeffer nach Geschmack vermischen.

Auf die Hälfte der Brotscheiben verteilen und jeweils eine Scheibe Brot darauf legen. Die Sandwiches leicht zusammendrücken und diagonal halbieren. Auf einer Platte anrichten und servieren.

Tartine di carne

Sandwich mit Fleischterrine

Mein Enkel, ein Fleischesser vor dem Herrn, liebt diese Sandwiches über alles – besonders wenn wir von einer Pilzexkursion nach Hause zurückkehren.

Ergibt 12 Stück

90 g mageres Kalbfleisch
90 g Hühnerbrustfilet
90 g gekochter Schinken
3 große Eigelb
3 EL frisch geriebener Parmesan
45 g Butter
Salz und frisch gemahlener Pfeffer
1 Hand voll Pistazienkerne
12 Scheiben Kastenweißbrot oder Weizenvollkornbrot
(Seite 185 und 184), ersatzweise fertig gekauft

Den Backofen auf 190 °C vorheizen. Kalbfleisch, Hühnerbrust und Schinken in der Küchenmaschine fein hacken (oder durch den Fleischwolf drehen). Eigelb, Parmesan, 30 g Butter sowie Salz und Pfeffer nach Geschmack hinzufügen und mixen, bis eine glatte Farce entstanden ist. Die Pistazien untermischen.

Eine rechteckige Terrinenform von etwa 23 cm Länge mit der restlichen Butter großzügig einfetten und die Farce einfüllen, glatt streichen. Die Form schließen, in einen Bräter setzen, der 2,5 cm hoch mit heißem Wasser (80 °C) gefüllt wird, und die Terrine etwa 45 Minuten im Ofen garen. Aus dem Ofen nehmen, ohne Deckel und mit einem Gewicht beschwert, völlig erkalten lassen – dies dauert einige Stunden.

Die Terrine aus der Form stürzen und in Scheiben schneiden. Die Hälfte der Brotscheiben damit belegen und jeweils mit einer Scheibe Brot abdecken. Die Sandwiches leicht zusammendrücken und diagonal halbieren. Auf einer Platte anrichten und servieren.

Tartine al gorgonzola

Gorgonzola-Sandwich

Als Ersatz für den Gorgonzola bietet sich ein anderer Blauschimmelkäse wie Roquefort an. Allerdings sollten Sie ihn mit etwas Ricotta oder Mascarpone geschmeidig rühren.

Ergibt 12 Stück

180 g Gorgonzola
Saft von 1/2 Zitrone
60 g Walnusskerne, gehackt
12 Scheiben Kastenweißbrot oder Weizenvollkornbrot (Seite 185 und 184), ersatzweise fertig gekauft

Den Gorgonzola mit dem Zitronensaft cremig rühren und die Walnüsse untermischen. Die Creme auf sechs Brotscheiben verstreichen und jeweils eine Scheibe Brot darauf legen. Die Sandwiches leicht zusammendrücken und diagonal halbieren. Auf einer Platte anrichten und servieren.

Tartine al caviale rosso

Kaviar-Sandwich

Vor Jahren im Iran, als ich von der Gemahlin des Schahs zu einem Kinderfilmfestival eingeladen war, habe ich dieses einfache Rezept ersonnen. Da Beluga zu kostspielig war, nahm ich den roten Keta-Kaviar. Jeder Fischrogen guter Qualität macht in Kombination mit zarter Ricotta aus einem Sandwich einen Leckerbissen. Die Krönung aber ist natürlich Beluga.

Ergibt 12 Stück

180 g Ricotta (italienischer Frischkäse)
Saft von 1 Zitrone
180 g Keta-Kaviar (ersatzweise eine andere Qualität)
12 Scheiben Kastenweißbrot (Seite 185), ersatzweise fertig gekauft

Ricotta und Zitronensaft gründlich vermischen, den Kaviar sehr vorsichtig unterheben, ohne die zarten Körner zu beschädigen. Die Mischung auf sechs Brotscheiben verteilen und jeweils eine Scheibe Brot darauf legen. Die Sandwiches leicht zusammendrücken und diagonal halbieren. Auf einer Platte anrichten und servieren.

Tartine di frittata

Sandwich mit Zucchiniomelett

Eine reizvolle Note erhält das Omelett durch gebratenen Salbei, frischen Rosmarin, Thymian, Estragon, Petersilie oder Koriandergrün.

Ergibt 12 Stück

3 EL natives Olivenöl extra
2 kleine Zucchini, fein gehackt
1 Hand voll frische Basilikumblätter, gehackt
4 EL frisch geriebener Parmesan
Salz und frisch gemahlener Pfeffer
3 große Eier
12 Scheiben Weizenvollkornbrot (Seite 184), in der Kastenform gebacken, ersatzweise fertig gekauft

In einer Pfanne 2 Esslöffel Öl erhitzen. Die Zucchini darin bei mittlerer Temperatur etwa 5 Minuten dünsten, dabei gelegentlich rühren. Sobald die Zucchini gar sind, das Basilikum und den Parmesan untermischen, salzen und pfeffern und auf Raumtemperatur abkühlen lassen.

Die Eier verquirlen, zu den Zucchini geben und untermischen. In einer großen Pfanne das restliche Öl erhitzen. Die Eimischung einfüllen und bei mittlerer Hitze stocken lassen. Das Omelett wenden und die zweite Seite noch 1 Minute braten. Auf einem Teller abkühlen lassen.

Das Omelett in sechs Stücke schneiden und damit die Hälfte der Brotscheiben belegen. Jeweils eine Scheibe Brot darauf legen. Die Sandwiches leicht zusammendrücken und diagonal halbieren. Auf einer Platte anrichten und servieren.

Rechte Seite: Sandwich mit Zucchiniomelett

Bocconcini, Crocchette, Ripieni
Fingerfood aus Ofen und Pfanne

Diese drei typischen Antipasti sind meist etwas zeitaufwendiger und auch ein wenig gehaltvoller. Da sie kein Brot als Unterlage verwenden, werden sie manchmal auf kleine Spieße gesteckt oder erhalten Cocktailspießchen, mit denen sie sich gut greifen lassen. Andere werden zu mundgerechten Bällchen, Rollen oder Päckchen geformt.

Bocconcino bedeutet »ein kleiner Mund voll« – und genau das sind die köstlichen Happen aus unterschiedlichsten Zutaten, die von Fall zu Fall roh, gebraten, gekocht oder gebacken serviert werden. In Norditalien versteht man unter *bocconcini* auch eine Art Eintopf mit klein geschnittenem Kalbfleisch.

Das Wort *crocchette* leitet sich – wie auch »Krokant« – vom französischen *croquer* ab, das je nach Verwendung »krachen« oder »knabbern, knuspern« bedeutet. Während die Masse früher meist mit Béchamelsauce gebunden wurde, hat die moderne Küche leichtere Varianten entwickelt.

Ripieni, delikat gefüllte Bissen, bieten im Bereich der Fingerfood wohl den größten Spielraum für Fantasie. Als Hülle dient meist Gemüse, während Käse, Fisch und Fleisch die Füllung liefern. Übrigens lassen sich auf diese Weise ganz hervorragend die verschiedensten Reste verarbeiten.

Traditionsgemäß zum ersten Gang gereicht, vollziehen Gnocchi und Ravioli hier die glückliche Verwandlung zu köstlichen Appetithappen. Da alle nachfolgend präsentierten Zubereitungen mit den Fingern gegessen werden, dürfen sie weder zu weich gekocht noch zu feucht sein.

Tra le celebrazioni della "polenta" che anche quest'anno si sono svolte in varie parti d'Italia, caratteristica per entusiasmo e giocondità è quella avvenuta a Ponti (Alessandria). Ecco il momento in cui più accanito ferve il lavoro dei molti cuochi improvvisati, che distribuiranno poi la polenta alla popolazione. (Disegno di A. Beltrame)

Bocconcini al salmone affumicato

Lachsröllchen mit Blumenkohl

Meerrettich ist im Nordosten Italiens sehr beliebt, vor allem zu gekochtem Fleisch, Räucherschinken oder Wurst. Obwohl man ihn überall in Gläschen servierfertig bekommt, kaufe ich meist die ganze Wurzel, schäle sie und hacke sie einfach in der Küchenmaschine ganz fein. Etwas Zitronensaft bewahrt die weiße Farbe und ein wenig geschlagene Sahne mildert die Schärfe.

Ergibt 8 Stück

8 Blumenkohlröschen
120 g Ziegenfrischkäse
1 EL fein gehackter Meerrettich
2 hart gekochte Eier, geschält und gehackt
8 Scheiben Räucherlachs

In einem großen Topf reichlich Wasser zum Kochen bringen und salzen. Die Blumenkohlröschen etwa 3 Minuten blanchieren, abgießen und abkühlen lassen.

Unterdessen den Käse mit dem Meerrettich und den Eiern zu einer glatten Creme verrühren. Die Lachsscheiben damit bestreichen, jeweils ein Blumenkohlröschen darauf setzen und die Scheiben zusammenrollen. Mit einem Cocktailspießchen fixieren, auf einer Platte anrichten und bis zum Servieren kalt stellen.

Bocconcini di prosciutto e fontina

Schinkenpäckchen mit Birne und Fontina

Heiß oder auch raumtemperiert ist diese Komposition gleichermaßen ein Genuss. Äpfel, im Sommer Pfirsiche und natürlich Melonen bieten einen adäquaten Ersatz für die Birnen.

Ergibt 8 Stück

8 Schnittlauchstengel
180 g Fontina (italienischer Rohmilchkäse) oder Emmentaler
2 Birnen
8 Scheiben Parmaschinken

In einem Topf Wasser zum Kochen bringen. Den Schnittlauch 1 Minute blanchieren, abgießen, kalt abbrausen und trockentupfen. Den Käse in feine Streifen schneiden. Die Birnen schälen, vierteln und vom Kerngehäuse befreien. Auf jede Schinkenscheibe ein Birnenviertel und einige Käsestreifen geben. Den Schinken über die Füllung legen und die Päckchen mit den Schnittlauchstengeln verschnüren. Auf einer Platte kalt stellen.

Nach Belieben vor dem Servieren 10 Minuten bei 190 °C in den vorgeheizten Ofen schieben, bis der Käse eben zerläuft.

Bocconcini di sedano al formaggio

Bleichsellerie mit Käsecreme

Roher Sellerie schmeckt herzhaft und dabei zart – sofern die Blattspreite auf beiden Seiten entfernt wurden. Sie können die Käsecreme auch als Dip zum Sellerie servieren.

Ergibt 18 Stück

6 große, helle Stangen Bleichsellerie
180 g Ziegenfrischkäse, ersatzweise ein anderer cremiger Käse wie Ricotta, Camembert oder Brie, nach Belieben entrindet
2 hart gekochte Eier, geschält und gehackt
1 kleine Zwiebel, fein gehackt
Frisch gemahlener Pfeffer
1 EL frische Schnittlauchröllchen

Den Sellerie putzen, dafür einen Pendelschäler oder ein scharfes Messer verwenden. In 18 Stücke von etwa 5 cm Länge schneiden und beiseite stellen. Den Käse mit einer Gabel zerdrücken, mit den Eiern und der Zwiebel gründlich verrühren und pfeffern.

In einen Spritzbeutel mit Lochtülle füllen und in die Selleriestücke spritzen. Mit dem Schnittlauch bestreuen, auf einer Platte anrichten und bis zum Servieren kalt stellen.

Bocconcini di pollo

Hühnerbrust im Schinkenmantel

Auch mit Mortadella- oder Fontinascheiben gelingen diese Bissen vorzüglich. Am liebsten serviere ich sie heiß, doch auch kalt sind sie sehr lecker.

Ergibt 18 Stück

2 ganze Hühnerbrüste (4 Hälften) ohne Knochen
6 EL natives Olivenöl extra
1 EL Wacholderbeeren, leicht zerdrückt
2 Knoblauchzehen, fein gehackt
1 Gewürznelke
Einige frische Salbeiblätter
1 Rosmarinzweig
Salz und frisch gemahlener Pfeffer
15 g Butter
60 ml trockener Weißwein
180 g Parmaschinken
1 Hand voll Schnittlauchstengel,
1 Minute blanchiert und abgetropft

Das Fleisch in 5 cm große Stücke schneiden. Etwa 2 Stunden in eine Marinade aus dem Öl, den Wacholderbeeren, dem Knoblauch, der Gewürznelke, den Kräutern sowie Salz und Pfeffer nach Geschmack einlegen, gelegentlich durchmischen. Aus der Marinade nehmen und abtropfen lassen.

In einer Pfanne die Butter und 2 Esslöffel der Marinade bei mittlerer Temperatur erhitzen. Das Fleisch darin etwa 5 Minuten von allen Seiten braten. Den Wein hinzugießen und einige Minuten verkochen lassen.

Unterdessen den Schinken längs in etwa 1 cm breite Streifen schneiden und diese einzeln um die Fleischstücke legen. Die Happen mit Schnittlauchstengeln verschnüren. Nach Belieben vor dem Servieren im Ofen bei 200 °C etwa 5 Minuten erwärmen oder auch kalt servieren.

Bocconcini di verza al foie gras

Wirsingpäckchen mit Gänsestopfleber

Verwenden Sie die kleinen, zarten Innenblätter des Wirsings. Kopfsalat bietet einen geeigneten Ersatz. Ein praktischer Hinweis zum Braten der Gänsestopfleber: Füllen Sie einen Plastikbeutel zu einem Drittel mit Mehl, legen Sie die Leberscheiben hinein und überziehen Sie sie durch behutsames Bewegen und Wenden des Beutels gleichmäßig mit Mehl.

Ergibt 18 Stück

Salz
18 Wirsingblätter
360 g Gänsestopfleber (Foie gras)
2 Kochäpfel
15 g Butter
Frisch gemahlener Pfeffer

In einem großen Topf reichlich Wasser zum Kochen bringen und salzen. Die Kohlblätter 1 Minute blanchieren. Abgießen, kalt abbrausen und trockentupfen.

Die Leber in sechs Scheiben schneiden. Die Äpfel schälen, vom Kerngehäuse befreien und der Länge nach in 18 Schnitze teilen.

In einer Pfanne die Butter zerlassen und die Äpfel einige Minuten weich dünsten. Eine zweite Pfanne erhitzen und die Leberscheiben bei hoher Temperatur auf beiden Seiten 1 Minute braten. Salzen und pfeffern, aus der Pfanne nehmen, trockentupfen und jeweils dritteln.

Den Backofen auf 200 °C vorheizen. Auf jedes Wirsingblatt je ein Stück Apfel und Leber legen und das Blatt über der Füllung zusammenfalten. Die Päckchen mit einem Zahnstocher fixieren und in eine ofenfeste Form legen. Etwa 5 Minuten in den Ofen schieben. Heiß servieren.

Uova sode ai funghi

Hart gekochte Eier mit Pilzfüllung

Meine Mutter servierte ihren Gästen gerne gefüllte Eier als Vorspeise. Das Eigelb lässt sich mit den verschiedensten Zutaten mischen, etwa Thunfisch aus der Dose, Räucherforelle, gehackten Mixed Pickles, Ricotta und Kräutern. Die nachfolgende Variante mit Steinpilzen schmeckt besonders gut, notfalls tun es aber auch frische Champignons.

Ergibt 12 Stück

6 Eier
210 g frische Steinpilze (porcini)
90 g Ricotta (italienischer Frischkäse)
1 EL fein gehackte glatte Petersilie
2 EL Vin Santo oder trockener Sherry
Salz

Die Eier in einem großen Topf mit Wasser bedecken. Sprudelnd aufkochen lassen, 8 Minuten kochen, abgießen und kalt abschrecken. Schälen, längs halbieren und das Eigelb mit einem Löffel herauslösen.

Die Steinpilze putzen, mit einem Tuch abreiben und fein hacken. Die Ricotta mit dem Pürierstab cremig rühren. Mit den Pilzen, dem zerdrückten Eigelb, der Petersilie, dem Vin Santo und etwas Salz vermischen. Die Masse in einen Spritzbeutel mit großer Sterntülle füllen und in die Eiweißhälften spritzen. Auf einer Platte anrichten und servieren.

Bocconcini di speck

Backpflaumen im Speckmantel

Bauernspeck, ein Verwandter des Räucherschinkens, ist eine Spezialität Südtirols, die sich inzwischen auch im übrigen Italien zunehmender Beliebtheit erfreut. Alternativ können Sie Parmaschinken oder aber Frühstücksspeck verwenden, der jedoch deutlich fetter ist.

Ergibt 18 Stück

90 g Gorgonzola
90 g Creszenza (italienischer Frischkäse) oder Camembert, nach Belieben entrindet
9 Walnüsse
18 große getrocknete Pflaumen ohne Stein
18 dünne Scheiben Tiroler Bauernspeck

Die beiden Käsesorten in einer Schüssel mit einer Gabel zerdrücken. Die Walnüsse knacken und die Kerne halbieren. Die Pflaumen mit der Käsemischung füllen und jeweils eine Walnusshälfte darauf setzen. Jede Pflaume in eine Speckscheibe wickeln und mit einem Cocktailspießchen fixieren. Auf einer Platte anrichten und servieren.

Rechte Seite: Backpflaumen im Speckmantel

Patate croccanti

Kartoffelchips

Die Kartoffeln lassen sich gut im Voraus schneiden, müssen aber bis zur Verarbeitung in Wasser liegen, damit sie nicht anlaufen. Dabei scheiden sie etwas Stärke ab, was sie noch knuspriger macht – ein nützlicher Tipp auch für herzhafte Bratkartoffeln.

Für 6 Personen

6 große Kartoffeln, ungeschält
4 EL natives Olivenöl extra
Salz
1 EL edelsüßes Paprikapulver
6 EL Aceto Balsamico

Den Backofen auf 200 °C vorheizen. Die Kartoffeln abbürsten, aber nicht schälen, und längs in hauchdünne Scheiben schneiden. Einige Backbleche mit Pergamentpapier auslegen und die abgetrockneten Kartoffelscheiben nebeneinander darauf legen. Mit dem Öl bestreichen und salzen. In etwa 10 Minuten im Ofen knusprig goldbraun rösten. Auf einer Platte anrichten, mit Paprikapulver bestauben und warm bis raumtemperiert servieren. Als Dip ein Schälchen mit Balsamico bereitstellen.

Crocchette di patate

Kartoffelkroketten

In einem kleinen Restaurant bei Sorrento werden diese Kroketten »meterweise« serviert. Sie sind so wundervoll, dass man ein großes Quantum ohne weiteres »verdrückt«. Mehlig kochende, weißfleischige Kartoffeln sind ideal.

Ergibt 30 Stück

1,2 kg Kartoffeln, ungeschält
60 g Butter
60 g Parmesan, frisch gerieben
3 große Eier
Salz und frisch gemahlener Pfeffer
120 g Mehl
120 g feine Semmelbrösel
Pflanzenöl zum Frittieren

In einem großen Topf reichlich Wasser zum Kochen bringen und salzen. Die Kartoffeln darin gar kochen. Abgießen, noch heiß schälen und durch die Kartoffelpresse drücken. Die Butter, den Parmesan und 1 Ei sowie Salz und Pfeffer nach Geschmack gründlich untermischen. Aus der Masse Rollen von etwa 5 cm Länge und 2,5 cm Durchmesser formen. Die restlichen Eier in einem tiefen Teller verquirlen. Die Rollen erst im Mehl, dann im Ei und schließlich in den Semmelbröseln wälzen, sie sollen gleichmäßig paniert sein.

In einer Pfanne oder Fritteuse reichlich Öl auf 180 °C erhitzen – die Temperatur ist erreicht, wenn ein Brotwürfel in 1 Minute eine goldbraune Farbe annimmt. Die Kroketten in etwa 10 Minuten knusprig goldgelb frittieren. Auf Küchenpapier abtropfen lassen, auf einer Platte anrichten und sehr heiß servieren.

Crocchette di riso

Reisbällchen

Am liebsten fülle ich die Bällchen mit einem Stück geräucherter Provola. Geeignet sind aber auch andere Käsesorten wie Fontina, Mozzarella oder Emmentaler sowie Schinken, Wurst oder gebratene Hühnerleber.

Ergibt 30 Stück

1 l Wasser
Salz
Knapp 350 g Arborio-Reis
3 große Eier
60 g Parmesan, frisch gerieben
2 EL fein gehackte glatte Petersilie
Frisch gemahlener Pfeffer
120 g Provola (italienischer Filata-Käse), gewürfelt
120 g feine Semmelbrösel
Pflanzenöl zum Frittieren

In einem großen Topf das Wasser zum Kochen bringen und salzen. Den Reis einstreuen, aufkochen und in etwa 15 Minuten ausquellen lassen, dabei nicht umrühren; das Wasser sollte vollständig aufgenommen sein. Völlig abkühlen lassen.

Die Eier mit dem Parmesan, der Petersilie und Pfeffer nach Geschmack unter den Reis mischen. Aus der Masse walnussgroße Bällchen formen, jeweils einen Käsewürfel hineindrücken und die Öffnung durch Rollen in den Händen verschließen. Die Bällchen in einer flachen Schüssel in den Semmelbröseln wälzen.

In einer großen Pfanne oder Fritteuse eine ausreichende Menge Öl auf 180 °C erhitzen – die Temperatur ist erreicht, wenn ein Brotwürfel in 1 Minute eine goldbraune Farbe annimmt. Die Bällchen in etwa 10 Minuten knusprig goldbraun frittieren. Auf Küchenpapier abtropfen lassen, auf einer Platte anrichten und heiß servieren.

Rotolini di zucchine

Zucchiniröllchen mit Thunfischcreme

Da die Zucchini nicht gegart werden, sollten sie möglichst klein und sehr frisch sein. Größere, weniger zarte Exemplare werden vor dem Füllen gegrillt.

Ergibt 30 Stück

6 kleine Zucchini
210 g Thunfisch in Öl, abgetropft
180 g Ricotta (italienischer Frischkäse)
2 EL natives Olivenöl extra
1 rote oder gelbe Paprikaschote, Samen und Scheidewände entfernt
1 EL Kapern in Essig, abgetropft

Die Zucchini von den Enden befreien und längs in Scheiben schneiden. Den Thunfisch mit der Ricotta und dem Öl im Mixer fein pürieren. Die Paprikaschote würfeln und zusammen mit den Kapern unter die Thunfischcreme mischen.

Die Zucchinischeiben mit der Mischung bestreichen, aufrollen und mit Cocktailspießchen fixieren. Aufrecht auf einer Platte anrichten, sodass die Füllung dekorativ zur Geltung kommt, und servieren.

Zucchine fritte

Frittierte Zucchini

Für dieses Rezept sollten die Zucchini ebenfalls ganz frisch und nicht zu groß sein. Manche überziehen sie mit Backteig, während ich sie nur einmehle, was meiner Ansicht nach ihren zarten Geschmack besser zur Geltung bringt.

Für 6 Personen

6 kleine Zucchini
Salz
120 g Mehl
Pflanzenöl zum Frittieren

Die Zucchini von den Enden befreien und längs in schmale Streifen schneiden. Salzen und in einem Sieb etwa 1 Stunde entwässern, anschließend mit Küchenpapier trockentupfen. Die Zucchini mit dem Mehl in eine Papiertüte geben und gründlich schütteln, bis sie gleichmäßig überzogen sind. Die Tüte in ein trockenes Sieb ausleeren und überschüssiges Mehl abschütteln.

In einer tiefen Pfanne reichlich Öl auf 180 °C erhitzen – die Temperatur ist erreicht, wenn ein Brotwürfel in 1 Minute eine goldbraune Farbe annimmt. Die Zucchini in etwa 5 Minuten knusprig goldbraun frittieren. Auf Küchenpapier abtropfen lassen, auf einer Platte anrichten und heiß servieren.

Costolettine impanate

Panierte Schnitzelchen

Auf italienischen Cocktailpartys finden diese Häppchen großen Anklang. Eine vegetarische Variante gelingt vorzüglich mit längs aufgeschnittenen Zucchini, Fenchelknollen, Auberginen oder auch Artischocken. Die italienischen Kalbsschnitzel – *scaloppine* – für diesen Antipasto sind üblicherweise etwa 4 cm im Durchmesser und nur 2 mm dick. Um mundgerechte Stücke zu erhalten, werden gewöhnlich große Schnitzel geviertelt.

Ergibt 3 Stück pro Person

18 dünne Kalbsschnitzelchen
2 große Eier
Salz
120 g feine Semmelbrösel
2 EL fein gehackter frischer Salbei
2 EL fein gehackter frischer Rosmarin
60 g Butter
4 EL natives Olivenöl extra

Jedes Schnitzel in drei gleich große Stücke schneiden, wie oben beschrieben. Die Eier in einer Schüssel leicht verquirlen und salzen. In einer zweiten, flachen Schüssel die Semmelbrösel mit den Kräutern gründlich vermengen.

Die Schnitzelchen ins Ei tauchen und in den Semmelbröseln wenden, bis sie gleichmäßig überzogen sind. Überschüssige Panade abschütteln.

In einer schweren Pfanne die Butter mit dem Öl erhitzen. Die Fleischstücke bei mittlerer Temperatur von beiden Seiten etwa 2 Minuten braten, bis sie knusprig gebräunt sind. Mit einer Schaumkelle aus der Pfanne nehmen und auf Küchenpapier abtropfen lassen. Auf einer Platte anrichten und warm oder raumtemperiert servieren.

Zucchine ripiene ai funghi

Gebackene Zucchini mit Steinpilzfüllung

Zur Abwechslung können Sie die Zucchini auch mal mit fein gehacktem Schinken, Salami oder Mortadella, der berühmten Bologneser Spezialität, füllen.

Ergibt 18 Stück

1 Hand voll getrocknete Steinpilze (porcini)
Salz
6 Zucchini
1 Hand voll frische Semmelbrösel
120 ml Milch
1 Ei
3 EL frisch geriebener Parmesan
Frisch gemahlener Pfeffer
2 EL natives Olivenöl extra für die Form

Die Steinpilze etwa 30 Minuten in Wasser einweichen. Abgießen, ausdrücken und hacken. Den Backofen auf 180 °C vorheizen. In einem großen Topf reichlich Wasser zum Kochen bringen und salzen. Die Zucchini darin beinahe gar kochen – sie benötigen etwa 5 Minuten, die Zeit hängt von ihrer Frische ab. Die Semmelbrösel einige Minuten in der Milch einweichen, danach ausdrücken. Mit den Pilzen, dem Ei, dem Parmesan sowie etwas Salz und Pfeffer in einer Schüssel vermengen.

Die Zucchini quer in 2,5 cm lange Stücke schneiden, die äußersten Enden nicht verwenden. Die Stücke bis auf halbe Höhe mit einem kleinen Löffel aushöhlen und mit der Pilzmischung füllen. Eine ofenfeste Form mit dem Öl ausstreichen. Die Zucchini aufrecht hineinsetzen und in etwa 20 Minuten goldbraun backen. Auf einer Platte anrichten und warm servieren.

Zucchine ripiene di prosciutto

Zucchini mit gekochtem Schinken und Minze

Die Variationsmöglichkeiten sind der Trumpf bei diesem Rezept: Ricotta oder Mayonnaise (Seite 177) können den Ziegenkäse ersetzen, kleine flache Zwiebeln die Zucchini und Thunfisch aus der Dose schließlich den Schinken.

Ergibt 18 Stück

6 ganz frische mittelgroße Zucchini
Salz
90 g gekochter Schinken, gehackt
120 g Ziegenfrischkäse
1 EL gehackte frische Minze
2 EL natives Olivenöl extra

In einem großen Topf reichlich Wasser zum Kochen bringen und salzen. Die Zucchini darin kochen, bis sie gar, aber noch bissfest sind – sie benötigen etwa 5 Minuten, die Zeit variiert jedoch je nach ihrer Frische. Abgießen, mit kaltem Wasser abbrausen und quer in 2,5 cm lange Stücke schneiden, die Enden nicht verwenden. Die Stücke mit einem kleinen Löffel etwas aushöhlen.

Den Schinken mit dem Käse, der Minze und dem Olivenöl gründlich vermischen. Die Masse in einen Spritzbeutel mit Lochtülle füllen und in die Zucchini spritzen. Auf einer Platte anrichten und servieren.

Spiedini di melanzana

Auberginenspießchen

Der Koch meiner Mutter verriet mir einmal, frische und ganz feste Auberginen müsse man nicht salzen, um sie zu entbittern, sondern könne sie direkt verarbeiten. Schmalere, lange Früchte eignen sich für dieses Rezept am besten.

Ergibt 18 Stück

3 längliche Auberginen
180 g Ziegenfrischkäse
1 Hand voll frische Basilikumblätter, gehackt
1 Hand voll ungeröstete Pinienkerne
2 Knoblauchzehen, fein gehackt
18 Scheiben Pancetta oder Frühstücksspeck

Den Backofen auf 200 °C vorheizen und den Grill einschalten. Die Auberginen von den harten Enden befreien und längs in dünne Scheiben schneiden. Für einige Minuten unter den heißen Grill schieben, dabei einmal wenden.

Den Käse mit dem Basilikum, den Pinienkernen und dem Knoblauch zu einer geschmeidigen Creme verrühren. Die Auberginen damit bestreichen und aufrollen. Jede Rolle in eine Speckscheibe wickeln und mit einem Zahnstocher fixieren.
In eine ofenfeste Form legen und etwa 10 Minuten im Ofen braten, bis der Speck appetitlich gebräunt ist. Auf einer Platte anrichten und heiß servieren.

Spiedini di verdure alla griglia

Gegrillte Gemüsespießchen

Kirschtomaten bekommt man inzwischen überall. Für Pasta- oder Reisgerichte verwende ich sie genauso gern wie für solche Spießchen. In diesem Fall müssen sie aber sehr fest sein. Kombiniert mit Paprika, kleinen Zwiebeln, Zucchini und anderem Gemüse schmecken sie herrlich.

Ergibt 6 Stück

12 kleine Zwiebeln (Schaschlik- oder Silberzwiebeln)
12 Kirschtomaten
1 gelbe Paprikaschote (ersatzweise auch rote oder grüne), Samen und Scheidewände entfernt, das Fruchtfleisch gewürfelt
1 Aubergine, gewürfelt
2 kleine, feste Zucchini, gewürfelt
3 EL natives Olivenöl extra
Salz und frisch gemahlener Pfeffer

Den Grill auf höchster Stufe vorheizen. Auf sechs kleine Spieße nacheinander – jeweils ein Stück – Zwiebel, Tomate, Paprika-, Auberginen- und Zucchiniwürfel stecken und dasselbe noch einmal wiederholen. Etwa 15 Minuten grillen, dabei häufig drehen und mit dem Öl bestreichen. Nach Geschmack salzen und pfeffern und sehr heiß servieren.

Spiedini di pancetta e cipolline

Gegrillte Zwiebelspießchen mit Speck

Ideal für dieses Rezept sind die kleinen, plattrunden Schaschlikzwiebeln, die man auf italienischen Märkten allerorten, hierzulande hingegen nur selten sieht. Kleine Haushaltszwiebeln sind meist zu hart. Einige Minuten in kochendem Wasser blanchiert, lassen sich die Zwiebeln mühelos schälen.

Ergibt 6 Stück

30 kleine Zwiebeln, blanchiert und geschält
15 Scheiben Pancetta, halbiert
12 Lorbeerblätter, halbiert
2 EL natives Olivenöl extra

Den Grill vorheizen. Die Zwiebeln einzeln in die Speckscheiben wickeln und abwechselnd mit den Lorbeerblättern auf sechs kleine Spieße stecken. Mit dem Öl bestreichen. Etwa 20 Minuten unter häufigem Drehen grillen, bis der Speck knusprig gebräunt ist. Auf einer Platte anrichten und heiß servieren.

Spiedini di caprini al sesamo

Ziegenkäse in Sesamkruste mit Feigen

Eine ungewöhnliche und sehr aparte Komposition. Die Feigen dürfen nicht zu reif sein und werden bis zur Verwendung im Kühlschrank aufbewahrt.

Ergibt 6 Stück

300 g Ziegenfrischkäse
2 EL Aceto Balsamico
120 g Sesamsamen
6 frische Feigen

Den Ziegenfrischkäse mit dem Balsamico verrühren. Aus der Masse 18 pflaumengroße Bällchen formen und im Sesam wälzen, bis sie gleichmäßig überzogen sind. Die Feigen abwaschen und quer in Scheiben schneiden, die Endstücke nicht verwenden. Die Käsekugeln abwechselnd mit den Feigen auf sechs Holzspieße stecken. Auf einer Platte anrichten und bis zum Servieren kalt stellen.

Spiedini di frutta e formaggio

Fruchtige Käsespießchen

Als Variante können Sie gereiften Ziegenkäse oder Schafkäse verwenden, geeignete Früchte sind auch Birne, Apfel, Mango oder Kiwi.

Ergibt 18 Stück

120 g geräucherte Provola und
120 g Provolone (italienischer Filata-Käse)
120 g Fontina (italienischer Rohmilchkäse)
18 Erdbeeren
18 grüne oder blaue Trauben
4 ungeschälte Feigen, geviertelt

Den Käse in mundgerechte Würfel schneiden. Abwechselnd mit den Früchten auf 18 kleine Spieße stecken. Auf einer Platte anrichten und servieren.

Salvia fritta

Frittierte Salbeiblätter

Bei meinen Kochseminaren kommt diese Knabberei stets besonders gut an. Wir verwenden dabei frisch gepflückten Salbei aus dem Garten der Badia. Die Blätter sind nicht nur sehr aromatisch im Geschmack, sondern auch schön groß.

Ergibt 18 Stück

1 großes Ei
60 ml Wasser
Salz
75 g Mehl
Pflanzenöl zum Frittieren
18 Salbeiblätter

Das Ei mit dem Wasser und Salz nach Geschmack verquirlen. Das Mehl in eine Schüssel geben und nach und nach die Eimischung einlaufen lassen, dabei ständig mit dem Schneebesen schlagen, bis man einen cremigen Backteig erhält.

In einer tiefen Pfanne reichlich Öl auf 180 °C erhitzen – die Temperatur ist erreicht, wenn ein Brotwürfel in 1 Minute eine goldbraune Farbe annimmt. Die Salbeiblätter durch den Backteig ziehen und in etwa 2 Minuten knusprig und goldbraun frittieren. Mit einer Schaumkelle aus dem Öl nehmen und auf Küchenpapier abtropfen lassen. Auf einer Platte anrichten und heiß servieren.

Rechte Seite: Frittierte Salbeiblätter

Ravioli al forno ripieni di prosciutto

Gebackene Ravioli mit Schinken und Ricotta

Mich reizte der Versuch, Ravioli zu backen, anstatt sie wie üblich zu kochen – und sie gerieten wundervoll. Köstlich auch mit einer Füllung aus gebratenen Steinpilzen oder gehackter gebratener Hühnerbrust.

Ergibt 30 Stück

Für den Teig:
250 g Mehl
2 große Eier
Für die Füllung:
120 g gekochter Schinken
120 g Ricotta (italienischer Frischkäse)
3 EL frisch geriebener Parmesan

Den Backofen auf 180 °C vorheizen. Das Mehl in eine Schüssel sieben, in die Mitte eine Mulde drücken und die Eier hineinschlagen. Mit einer Gabel langsam das umgebende Mehl mit den Eiern verrühren, bis man einen dicken Teig erhält. Auf der leicht bemehlten Arbeitsfläche etwa 5 Minuten kneten, bis ein glatter, elastischer Teig entsteht. In zwei gleich große Portionen teilen, mit Mehl bestauben, flach drücken und mit der Nudelmaschine zu sehr dünnen Teigbahnen von etwa 10 cm Breite ausrollen.

Für die Füllung den Schinken fein hacken und mit den beiden Käsesorten mischen. Die Füllung in kleinen Häufchen auf die Teigblätter setzen, und zwar 2,5 cm von der oberen Längskante entfernt und in Abständen von 5 cm. Die obere Teigkante sowie den Teig rund um die Füllung leicht mit Wasser befeuchten, den unteren Teigstreifen über die Füllung falten und die Kanten zusammendrücken. Mit dem gezackten Teigrädchen quadratische Ravioli ausschneiden. Auf ein mit Pergamentpapier ausgelegtes Backblech setzen. Etwa 20 Minuten backen, bis die Ravioli goldgelb und knusprig sind. Auf einer Platte anrichten und möglichst noch warm servieren.

Limoni ripieni di crema di baccalà

Zitronenscheiben mit Klippfischcreme

Anstelle von Klippfisch – gesalzenem und luftgetrocknetem Kabeljau – können Sie auch pochierten Lachs, gekochte Garnelen oder Thunfisch aus der Dose verwenden.

Ergibt 18 Stück

300 g Klippfischfilets (baccalà)
2 große Kartoffeln
Salz
6 EL Sahne
3 EL natives Olivenöl extra
3 unbehandelte Zitronen
2 EL frische Schnittlauchröllchen

Den Fisch in reichlich Wasser einweichen und dieses während der nächsten 24 Stunden mindestens sechsmal wechseln, um ihn gründlich zu entsalzen. Abgießen und sorgfältig entgräten.

Den Fisch in einem Topf mit Wasser bedecken, einmal aufkochen lassen und etwa 5 Minuten bei niedriger Temperatur pochieren. Gründlich abtropfen lassen.

In einem zweiten Topf die ungeschälten Kartoffeln in kochendem Salzwasser garen, bis sie sich leicht einstechen lassen. Abgießen und noch heiß schälen.

Den Fisch, die Kartoffeln, die Sahne und das Öl im Mixer zu einer glatten Creme pürieren. Die Zitronen in dicke Scheiben schneiden, die Endstücke nicht verwenden. Unmittelbar vor dem Servieren die Fischcreme in einen Spritzbeutel mit großer Sterntülle füllen und auf die Zitronenscheiben spritzen. Mit dem Schnittlauch bestreuen, auf einer Platte anrichten und servieren.

Gnocchi di ricotta

Ricottabällchen mit Kruste

Diese deliziösen Gnocchi sind eine Spezialität von Massimo, dem Chef unseres Restaurants, der unlängst seinen Erfahrungsschatz in Alice Waters berühmtem »Chez Panisse« in Berkeley (Kalifornien) noch erweitert hat. Sie sind ideal zu einem Drink als kleine Appetithappen, die man dank der festen Kruste einfach mit den Fingern aufnehmen kann.

Ergibt 30 Stück

900 g Ricotta (italienischer Frischkäse)
150 g Mehl
1 großes Ei
90 g frisch geriebener Parmesan
1 Prise frisch geriebene Muskatnuss
Salz und frisch gemahlener Pfeffer
240 g grober Hartweizengrieß

Die Ricotta mit dem Mehl, dem Ei, dem Parmesan, der Muskatnuss sowie Salz und Pfeffer nach Geschmack gründlich vermengen. Aus der Masse walnussgroße Bällchen formen und im Grieß wälzen.

Den Backofen auf 180 °C vorheizen. In einem großen Topf reichlich Wasser zum Kochen bringen und salzen. Die Ricottabällchen portionsweise hineingleiten und gar ziehen lassen. Sobald sie an die Oberfläche steigen, mit einer Schaumkelle herausheben, kurz abtropfen lassen und in eine ofenfeste Form legen. Etwa 20 Minuten backen, bis sie zart überkrustet sind. Auf einer Platte anrichten und heiß oder raumtemperiert servieren.

Frittatine alle erbe

Omelettwürfel mit Kräutern

Omeletts kann man ohne weiteres auch mit den Fingern essen, sofern sie richtig gestockt und in mundgerechte Stücke geschnitten sind. Als Füllung bieten sich ebenso gehackte Zucchini, grüne Bohnen, Zwiebeln, Thunfisch aus der Dose, Auberginen, Paprikaschoten und anderes mehr an.

Ergibt 30 Stück

1 kg frischer Spinat
6 große Eier
60 g gehackte frische Kräuter, zum Beispiel eine Mischung aus glatter Petersilie, Dill, Basilikum, Majoran, Oregano und Rucola
Salz und frisch gemahlener Pfeffer
1 EL natives Olivenöl extra
6 Radieschen
1 kleine Zwiebel

In einem großen Topf wenig Wasser zum Kochen bringen. Den Spinat 2 Minuten blanchieren, bis er eben zusammenfällt. Abseihen, gut ausdrücken und fein hacken.

Die Eier in einer großen Schüssel verquirlen. Den Spinat mit den Kräutern, Salz und Pfeffer dazugeben und alles vermischen.

Das Öl in einer beschichteten Pfanne erhitzen. Die Eimischung hineingießen und bei mittlerer Temperatur beinahe stocken lassen. Das Omelett mit Hilfe eines Tellers oder Deckels wenden und von der zweiten Seite noch einige Minuten braten, bis es schön fest ist. Völlig erkalten lassen und in Würfel mit 2,5 cm Kantenlänge schneiden.

Radieschen und Zwiebel in feine Scheiben schneiden und die Omelettwürfel damit garnieren. Auf einer Platte anrichten und servieren.

Rotolini di vitello alla salvia

Kalbsröllchen mit Salbei

Gewöhnlich werden Rouladen mit einer Beilage als Hauptgericht oder auf Risotto serviert. Im Kleinformat wie hier und mit Cocktailspießchen versehen geben sie auch einen attraktiven Antipasto ab.

Ergibt 18 Stück

600 g Kalbsschnitzel, sehr dünn geschnitten
150 g Prosciutto oder Parmaschinken
2 Hand voll frische Salbeiblätter
15 g Butter
2 EL natives Olivenöl extra
120 ml trockener Weißwein
Salz und frisch gemahlener Pfeffer

Die Schnitzel in 7,5 × 5 cm große Stücke schneiden, den Schinken etwas kleiner zuschneiden. Jedes Fleischstück mit einer Schinkenscheibe und einem Salbeiblatt belegen. Aufrollen und jeweils mit einem Zahnstocher fixieren.

Die Butter mit dem Öl in einer Pfanne erhitzen. Die Rouladen darin rundum anbraten, sie sollen nur wenig Farbe annehmen. Mit dem Wein ablöschen, salzen und pfeffern. Zugedeckt bei niedriger Temperatur etwa 40 Minuten schmoren, dabei gelegentlich wenden und bei Bedarf etwas Wasser angießen, damit nichts ansetzt. Die Rouladen aus der Pfanne nehmen, abtropfen lassen und die Zahnstocher durch Cocktailspießchen ersetzen. Auf einer Platte anrichten und warm oder raumtemperiert servieren.

Mozzarella in carrozza

Frittierte Mozzarellabissen

Diese neapolitanische Spezialität ist ideal als Antipasto. Meist verwende ich die kleineren Mozzarelle namens *bocconcini*. Größere Mozzarelle schneiden Sie einfach in mundgerechte Stücke.

Ergibt 18 Stück

6 bocconcini (kleine Mozzarellabällchen)
36 Scheiben Brot, etwa 1 cm dick
3 große Eier
4 EL Milch
Salz
120 g Mehl
Pflanzenöl zum Frittieren

Die Mozzarelle in 1 cm dicke Scheiben schneiden. Die Brotscheiben mit einem Teigrädchen auf die gleiche Größe zurechtschneiden. Die Eier mit der Milch und etwas Salz in einer flachen Schüssel verquirlen.

Zwischen zwei Brotscheiben jeweils eine Käsescheibe legen und fest zusammendrücken. Die Scheiben erst im Mehl wenden und dann in die Eiermilch legen, bis diese völlig aufgesogen ist, dabei mehrfach wenden.

In einer tiefen Pfanne reichlich Öl auf 180 °C erhitzen – die Temperatur ist erreicht, wenn ein Brotwürfel in 1 Minute eine goldbraune Farbe annimmt. Die Mozzarellabissen portionsweise nebeneinander in die Pfanne legen und von beiden Seiten goldbraun frittieren, was nur einige Minuten in Anspruch nimmt. Auf Küchenpapier abtropfen lassen und warm stellen, bis alle Bissen fertig sind. Auf einer Platte anrichten und heiß servieren.

Cetrioli al formaggio di capra

Gurken mit Ziegenkäse

Ich empfinde Gurken als angenehm erfrischend, doch sind sie nicht jedermanns Geschmack. Ihren Part können in diesem Fall nur wenige Minuten gekochte Zucchini übernehmen.

Ergibt 18 Stück

300 g Ziegenfrischkäse
3 EL natives Olivenöl extra
1 EL fein gehackte frische Minze
Salz und frisch gemahlener Pfeffer
600 g Gärtnergurken

In einer Schüssel den Käse mit dem Öl, der Minze, Salz und Pfeffer nach Geschmack vermischen. Die Gurken quer in 4 cm lange Stücke schneiden, die Enden nicht verwenden. Mit einem Teelöffel einen Großteil der Samen herauslösen, sodass Vertiefungen entstehen. Die Käsecreme in einen Spritzbeutel mit Lochtülle füllen und in die Gurken spritzen. Auf einer Platte anrichten und servieren.

Palline di formaggio alle nocciole

Käsebällchen mit Haselnüssen

Eine schmackhafte Alternative zum Ziegenkäse bieten Gorgonzola und Camembert, aber ebenso Fontina, Greyerzer oder Emmentaler, natürlich gerieben. Auch bei der Umhüllung sind Variationen erlaubt, etwa mit Kümmel-, Kardamom- oder Fenchelsamen.

Ergibt 30 Stück

300 g Ricotta (italienischer Frischkäse)
300 g Ziegenfrischkäse
120 g Haselnusskerne, geröstet, enthäutet und fein gehackt
1 EL edelsüßes Paprikapulver

Ricotta und Ziegenkäse gründlich vermischen. Mit den Händen walnussgroße Bällchen formen und in den Haselnüssen wälzen, bis sie gleichmäßig überzogen sind. Zugedeckt bis zum Servieren kalt stellen. Mit dem Paprika bestauben, auf einer Platte anrichten und servieren.

Pinzimonio

Rohkost mit feinem Olivenöl

Das Geheimnis dieser so berühmten toskanischen Vorspeise liegt in der exzellenten Qualität der Zutaten. Die Rohkost wird in einer großen Schüssel auf den Tisch gestellt, dazu gibt es eine Schale mit Öl, in das die Gäste die Gemüsestücke tunken. In Gaiole stellt ein liebenswerter Töpfer namens Rampini handbemalte Schüsseln her, die bei den Teilnehmern meiner Kochseminare großen Anklang finden.

Für 6 Personen

1 Knolle Fenchel
1 Bund Bleichsellerie
2 Möhren
1 rote oder gelbe Paprikaschote
1 Kopf roter Radicchio
1 Artischocke
Beliebiges weiteres knackiges Gemüse nach Wahl
1/4 l natives Olivenöl extra
Salz und frisch gemahlener Pfeffer

Das Gemüse waschen, putzen und längs in Schnitze, Streifen oder Stifte schneiden. In einer Servierschüssel anrichten. Das Öl in einer kleineren Schüssel mit Salz und Pfeffer nach Geschmack verrühren und beides servieren.

Rechte Seite: Rohkost mit feinem Olivenöl

Palline di formaggio all'uvetta

Käsebällchen mit Korinthen

Der Kontrast zwischen der kräftigen Käsewürze und der Süße der Korinthen ist an sich schon interessant. Doch das Aroma von Birnengeist (Williams) verleiht der ungewöhnlichen Zubereitung noch einen ganz besonderen Reiz. Williamsgeist ist eine Spezialität Südtirols. Hier kann man mancherorts sehen, wie die Birnen direkt in die Flaschen wachsen, die dann nach vollständiger Reifung der Früchte mit Branntwein gefüllt werden.

Ergibt 18 Stück

100 g sehr kleine Korinthen
120 ml Williamsgeist oder Grappa
90 g halbweicher bis weicher Käse wie Taleggio oder Camembert, nach Belieben entrindet
90 g Gorgonzola
90 g Ricotta (italienischer Frischkäse)
90 g Mascarpone

Die Korinthen in einer Schüssel mit dem Branntwein übergießen und etwa 12 Stunden marinieren, dabei mehrfach durchmischen. Abgießen und trockentupfen. Taleggio oder Camembert und Gorgonzola mit einer Gabel zerdrücken und mit den beiden anderen Käsesorten gründlich vermischen. Aus der Masse walnussgroße Bällchen formen und in den Korinthen wälzen, bis sie gleichmäßig überzogen sind. Zugedeckt einige Stunden kalt stellen. Auf einer Platte anrichten und servieren.

Carote alla crema di ricotta

Möhrenrohkost mit Ricottacreme

Gelegentlich reiche ich die Creme auch als Dip zu Bleichsellerie, Fenchelstücken, Chicoréeblättern oder Paprikastreifen.

Für 6 Personen

6 mittelgroße Möhren
240 g Ricotta (italienischer Frischkäse)
120 g Naturjoghurt
1 TL frisch geriebener Meerrettich
1 EL fein gehackte glatte Petersilie
Salz und frisch gemahlener Pfeffer

Die Möhren schälen und längs in Stifte schneiden. In einer Schüssel mit Wasser und einigen Eiswürfeln mehrere Stunden kalt stellen – so werden sie schön knackig. Abgießen und mit einem Tuch trockentupfen.

Die Ricotta mit dem Joghurt cremig rühren. Den Meerrettich, die Petersilie sowie Salz und Pfeffer untermischen. Den Dip in einer Schüssel in die Mitte einer Platte stellen und die Möhren ringsum verteilen.

Fantasia di formaggi

Käsefantasie

Die Garniturvorschläge sind keineswegs verbindlich. Gehackte frische Kräuter und Gewürze, etwa Paprikapulver, bringen weitere Abwechslung ins Spiel.

Ergibt 30 Stück

180 g Provolone (italienischer Filata-Käse) in einer dicken Scheibe
180 g Fontina (italienischer Rohmilchkäse) in einer dicken Scheibe
180 g Scamorza (italienischer Filata-Käse) in einer dicken Scheibe
45 g weiche Butter
Zum Garnieren:
2 TL frisch gehackte glatte Petersilie
2 TL Pinienkerne
2 TL Sultaninen
2 TL Sesamsamen

Aus den Käsescheiben Rechtecke von etwa 2,5 × 1 cm Größe ausschneiden. Die Butter cremig rühren und die Käsestücke an der Oberfläche damit bestreichen. Nach Belieben mit den vorgeschlagenen Zutaten garnieren und diese leicht andrücken. Vor dem Servieren mindestens 1 Stunde kalt stellen. Auf einer Platte anrichten und servieren.

Rechte Seite: Käsebällchen mit Korinthen

Tartufi con pancetta

Trüffeln mit Speck

Wenn es Sie nach einem himmlischen Genuss gelüstet und Sie keine Kosten scheuen, dann probieren Sie diese Delikatesse. Bei meiner Großmutter, die im Castello von Monale d'Asti in Piemont lebte, war sie im Herbst quasi ein Muss. Die preiswerteren schwarzen Trüffeln sind ein guter Ersatz. Falls auch sie Ihr Budget sprengen, probieren Sie die gezüchteten *scorzone*, die geschmacklich jedoch nicht an das Original heranreichen.

Ergibt 6 Stück

6 weiße Trüffeln (je etwa 30 g)
6 Scheiben Pancetta, nicht zu dick geschnitten

Den Backofen auf 200 °C vorheizen. Die Trüffeln abbürsten, aber keinesfalls abwaschen. *Scorzone*, falls verwendet, enthäuten. Jede Trüffel in eine Speckscheibe wickeln.

Auf ein Backblech legen und etwa 10 Minuten backen, der Speck soll gebräunt und knusprig sein. Auf einer Platte anrichten und heiß servieren.

Tartufi di pere e formaggio

Käsetrüffeln mit Birne

Servieren Sie die Trüffeln auf einer Platte oder richten Sie sie auf Crackers oder salzigem Gebäck wie dem auf Seite 92 an. Im zweiten Fall warten Sie jedoch bis zur letzten Minute, da das Gebäck im Kühlschrank weich werden würde.

Ergibt 30 Stück

300 g Gorgonzola
300 g Mascarpone
2 nicht zu reife Birnen
Saft von 1 Zitrone
120 g Parmesan, frisch gerieben

Gorgonzola und Mascarpone mit einer Gabel oder im Mixer gründlich miteinander vermischen. Die Birnen schälen, halbieren, vom Kerngehäuse befreien und fein würfeln. Mit dem Zitronensaft beträufeln und unter den Käse mischen. Mit einem Löffel aus der Masse walnussgroße Bällchen formen und im Parmesan wälzen, bis sie gleichmäßig überzogen sind. Auf einer Platte anrichten und vor dem Servieren einige Stunden kalt stellen.

Pomodori in costoletta

Tomaten in Knusperkruste

Ideal für dieses Rezept sind jene Tomaten, die im Herbst noch grün sind und sich auch nicht mehr rot färben werden. Ich verarbeite sie in Konfitüren, Chutneys und Pastasaucen oder paniere und brate sie, wie unten beschrieben.

Für 6 Personen

6 grüne Tomaten
Salz
120 g feine Semmelbrösel
1 EL getrockneter Oregano
Frisch gemahlener Pfeffer
2 große Eier
30 g Butter
4 EL natives Olivenöl extra

Die Tomaten in etwa ½ cm dicke Scheiben schneiden. In ein Sieb geben, salzen und etwa 1 Stunde abtropfen lassen, danach mit Küchenpapier trockentupfen.

Die Semmelbrösel mit dem Oregano und Pfeffer nach Geschmack in einer flachen Schüssel vermengen. In einer zweiten flachen Schüssel die Eier verquirlen. Die Tomatenscheiben in die Eimasse tauchen und dann in den Semmelbröseln wenden.

Die Butter mit dem Öl in einer großen Pfanne erhitzen. Die Tomatenscheiben portionsweise in das heiße Fett legen und in etwa 3 Minuten von beiden Seiten knusprig goldgelb braten. Auf einer Platte anrichten und heiß servieren.

Scodelline di pomodori al tonno

Tomaten mit Thunfischfüllung

Eiertomaten sind für dieses Rezept wie geschaffen. Im Vergleich zu anderen Sorten haben sie weniger Samenkerne, ein wesentlich festeres Fruchtfleisch und weniger wässrigen Saft. Wenn Sie gerade keine Eiertomaten bekommen können, besorgen Sie mittelgroße runde, aber feste Tomaten.

An beiden Küsten Italiens wurde Thunfisch einst in großen Mengen angelandet. Die Menschen kochten ihn in einem mit Lorbeerblättern gewürzten Essigsud, füllten ihn in große Gefäße und übergossen ihn mit bestem Olivenöl. So war er jederzeit verfügbar und zählte zu den beliebtesten Spezialitäten. Heute hat die Dosenware die eigene Herstellung überflüssig gemacht. Beim Einkauf dieser Konserve sollten Sie sich bemühen, Thunfisch in Olivenöl zu bekommen. Ein Italiener würde kein anderes Produkt verwenden. Anstelle von Thunfisch können Sie auch gekochte Erbsen oder Bohnen, zum Beispiel Cannellini, verwenden.

Für 6 Personen

6 Eiertomaten
210 g Thunfisch in Öl oder Wasser, abgetropft
6 EL Mayonnaise (Seite 177), alternativ ein gutes Fertigprodukt
1 EL Kapern in Essig, abgetropft und gehackt
2 Sardellenfilets in Öl, abgetropft
1 EL frisch gehackte glatte Petersilie

Die Tomaten längs halbieren und mit einem Löffel aushöhlen. Den Thunfisch mit einer Gabel zerpflücken und mit der Mayonnaise, den Kapern und den Sardellen vermischen.

Die Thunfischmischung in die Tomaten füllen und mit der Petersilie bestreuen. Auf einer Platte anrichten und servieren.

Sfogliatelle di parmigiano

Parmesancracker

Diese Cracker passen gut zu einem Glas trockenem Weißwein. In Balsamico getunkt sind sie ein Hochgenuss, den wir uns manchmal bei meinen Kochseminaren gönnen. Sie schmecken warm oder raumtemperiert gleichermaßen gut und bleiben in einem luftdichten Behälter mehrere Tage knusprig. Am besten kaufen Sie den Parmesan am Stück und reiben ihn selbst.

Ergibt 18 Stück

300 g Parmesan, frisch gerieben

Den Backofen auf 180 °C vorheizen. Ein Backblech mit Pergamentpapier auslegen und den Parmesan in größeren Abständen löffelweise darauf verteilen. Die Häufchen mit einem Messer zu 5 cm großen, dünnen Kreisen abflachen. Das Blech für etwa 10 Minuten in den Ofen schieben. Die knusprig goldbraunen Cracker auf einem Rost abkühlen lassen oder noch warm auf einer Platte anrichten und servieren.

Cappelle di funghi ai gamberetti

Champignons mit Garnelenfüllung

Champignons sind für dieses Rezept besonders zu empfehlen, da man ohne weiteres auch eine ganze Reihe von ihnen in gleicher Größe findet. Die Stiele lassen sich zum Aromatisieren einer Suppe oder für einen Risotto verwenden.

Ergibt 18 Stück

18 mittelgroße Champignonhüte
210 g rohe Garnelen, ausgelöst, der Darm entfernt
120 g Mascarpone
120 g frischer Thymian oder Estragon
Saft von 1 Zitrone
Salz

Die Pilzhüte mit einem Tuch abreiben, aber nicht waschen. In einem Topf Wasser zum Kochen bringen und die Garnelen 2 Minuten kochen. Abgießen, völlig abkühlen lassen und fein hacken.

Den Mascarpone mit den Garnelen, dem Thymian oder Estragon, dem Zitronensaft und Salz nach Geschmack verrühren. Die Creme in einen Spritzbeutel mit großer Sterntülle füllen und in die Pilzhüte spritzen. Zugedeckt bis zum Servieren kalt stellen. Auf einer Platte anrichten und servieren.

Gamberetti marinati

Marinierte Garnelen

Kaufen Sie Garnelen, die noch ihren Schwanzfächer besitzen. Damit lassen sie sich später gut greifen. Andernfalls servieren Sie sie mit Cocktailspießchen oder auf hauchdünn geschnittenen Zitronenspalten.

Ergibt 18 Stück

2 Zitronen
1 unbehandelte Orange
18 rohe Garnelen (möglichst große), der Darm entfernt
2 EL natives Olivenöl extra
3 Tropfen Tabascosauce
Salz

Die Zitronen auspressen. Die Orangenschale abreiben und in einer kleinen Schüssel beiseite stellen, danach den Saft auspressen. Die Garnelen abspülen. In einer Schüssel mit dem Saft der Zitrusfrüchte übergießen und einige Stunden im Kühlschrank durchziehen lassen.

Das Öl mit der Tabascosauce und etwas Salz würzen. Die Garnelen aus der Marinade nehmen, abtropfen lassen und auf einer Platte anrichten. Mit dem Öl beträufeln, mit der abgeriebenen Orangenschale bestreuen und servieren.

Rechte Seite: Parmesancracker

Grissini, Focacce, Pizzette
Pikante Überraschungen selbst gebacken

Nach meiner Erfahrung gehen diese – zumeist gebackenen – Antipasti weg wie warme Semmeln. Die Teige sind in der Herstellung problemlos und bis auf den Hefeteig im Handumdrehen zubereitet.

Fast unweigerlich denkt man bei *grissini* an die dünnen Brotstangen, die in knisternden Cellophantüten beinahe auf jedem Restauranttisch Italiens stehen. Sie sind jedoch nicht zu vergleichen mit selbst gebackenen *grissini,* die durch die Zugabe von Kräutern oder auch Mohnsamen noch köstlicher geraten. Ihre unregelmäßige – eben nicht maschinell genormte – Form mehrt noch ihre Attraktivität. Sie sind ein Blickfang auf dem Büfett, wenn Sie die Spitzen oben mit hauchdünn geschnittenem Prosciutto umwickeln.

Unter *focacce* versteht man Brotfladen, die in jeder Region Italiens anders zubereitet und oft auch unterschiedlich benannt werden. Manchmal sind sie süß und werden gern mittags gegessen, um den kleinen Hunger zwischendurch zu vertreiben. Ganz das Gegenteil bewirken die herzhaften Versionen: Sie machen garantiert Appetit auf mehr.

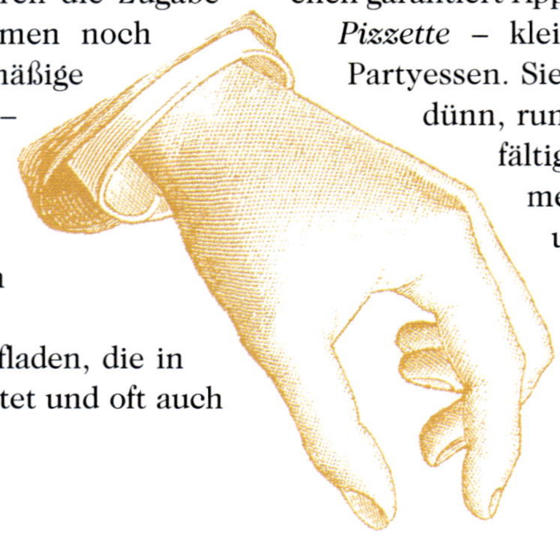

Pizzette – kleine Pizzen – sind ein beliebtes Partyessen. Sie können nach Belieben dick oder dünn, rund oder eckig hergestellt und vielfältig belegt werden. Einmal zusammengefaltet, sodass sie den Belag umschließen, heißen sie *calzoni.* Interessante Variationen dieses Themas bieten auch ein Brotfondue mit Kräuteröl sowie pikant gefüllte Krapfen.

è come il BURRO !
MAUZAN
926
MARGARINA
ARRIGONI
SOC. AN. ANGELO ARRIGONI - CREMA

Grissini ai semi di papavero

Grissini mit Mohn

Zu einem Glas Weißwein sind diese knusprigen Mohnstangen eine leckere, appetitanregende Ergänzung. Umso mehr, wenn ihr oberes Ende mit Parmaschinken oder Tiroler Speck umwickelt ist.

Ergibt 18 Stück

30 g frische Hefe
1/4 l lauwarmes Wasser
120 g Weizenmehl Type 405
180 g Weizenvollkornmehl
40 g grober Hartweizengrieß
5 EL natives Olivenöl extra
Salz
40 g Mohnsamen

Die Hefe in dem Wasser auflösen und etwa 10 Minuten ruhen lassen.

Die beiden Mehlsorten mit dem Grieß, 4 Esslöffeln Öl und Salz nach Geschmack in einer großen Schüssel vermischen. Die Hefe langsam zufügen und dabei mit einer Gabel kreisförmig rühren, bis alles gut vermischt ist. Anschließend den Teig auf einer Arbeitsfläche etwa 10 Minuten mit den Handballen bearbeiten, bis er glatt und elastisch ist. Zu einer Kugel formen. Eine Schüssel mit dem restlichen Öl ausstreichen, den Teig hineinlegen und die Schüssel mit Klarsichtfolie abdecken. Den Teig etwa 1 Stunde an einem warmen Ort gehen lassen, bis sich sein Volumen verdoppelt hat.

Den Backofen auf 200 °C vorheizen. Den Teig auf einer bemehlten Arbeitsfläche zusammenschlagen und mit einem Wellholz zu einem Rechteck von etwa 1 cm Stärke ausrollen, die Breite sollte der Länge der Grissini entsprechen. Das Teigrechteck in Streifen von 1 cm Breite schneiden und diese zu Rollen formen. Die Mohnsamen auf einer zweiten Fläche ausstreuen und die Teigrollen darin wälzen.

Ein Backblech mit Pergamentpapier auslegen und die Teigrollen darauf nochmals 10 Minuten zugedeckt gehen lasen. Etwa 20 Minuten backen, bis sie leicht gebräunt und knusprig sind. Auskühlen lassen.

Biscotti salati alla salvia

Salbeiplätzchen

Damit die Plätzchen aus Brotteig nicht aufgehen, sticht man den Teig mit einer Gabel ein. Zweifach gebacken – nichts anderes heißt *biscotto* eigentlich – geraten sie schön knusprig. In einem fest verschlossenen Behälter bleiben sie es für etwa zwei Wochen.

Ergibt 30 Stück

30 g frische Hefe
1/4 l lauwarmes Wasser
375 g Mehl
6 EL natives Olivenöl extra
6 EL fein gehackter frischer Salbei
Salz

Die Hefe in dem Wasser auflösen und etwa 10 Minuten ruhen lassen.

Das Mehl in eine Schüssel häufen. Die Hefe mit der Hälfte des Öls und dem Salbei zufügen und mit einer Gabel kreisförmig einrühren, bis alles gut vermischt ist. Anschließend den Teig auf einer Arbeitsfläche etwa 10 Minuten mit den Handballen bearbeiten, bis er glatt und elastisch ist. Zu einer Kugel formen, in eine bemehlte Schüssel legen und diese mit Klarsichtfolie abdecken. Den Teig etwa 1 Stunde an einem warmen Ort gehen lassen, bis sich sein Volumen verdoppelt hat.

Den Backofen auf 200 °C vorheizen. Den Teig auf einer bemehlten Arbeitsfläche zusammenschlagen und mit einem Wellholz zu einem Rechteck von etwa 2 mm Stärke ausrollen. Ein Backblech mit Pergamentpapier auslegen und das Teigblatt darauf legen. Mit einem Messer 5 cm große Quadrate in den Teig ritzen und diesen mit einer Gabel mehrmals einstechen. Die ganze Teigfläche mit dem restlichen Öl bestreichen und mit Salz bestreuen. Etwa 15 Minuten backen.

Aus dem Ofen nehmen und die Plätzchen richtig auseinander schneiden. Nochmals für 5 Minuten in den Ofen schieben. Bis zum Servieren auf einem Drahtgitter völlig erkalten lassen.

Rechte Seite: Grissini mit Mohn

Pane fritto alle erbe

Brotfondue mit Kräuteröl

Diese reizvolle Variante der Piemonteser *bagna cauda* ist ideal für eine kleinere Tischrunde. Anstelle eines richtigen Fonduesets tut es auch ein kleiner, hitzebeständiger Topf, den Sie auf ein Rechaud stellen. Das Öl muss während des gesamten Essens richtig heiß bleiben.

Ergibt 36 Stück

30 g frische Hefe
375 g Mehl
1/8 l lauwarme Milch
60 g Butter
1/8 l lauwarmes Wasser
480 ml natives Olivenöl extra
1 EL Rosmarinblättchen
1 EL frisch gehackter Salbei
1 EL gehackter Knoblauch
Salz und frisch gemahlener Pfeffer

Aus der Hefe, dem Mehl, der Milch, der Butter und dem Wasser nach dem Grundrezept (Seite 182) einen Pizzateig herstellen – die Hefe zuvor in der Milch auflösen, die Butter in dem Wasser schmelzen.

Unterdessen den Backofen auf 200 °C vorheizen. Eine Kastenform von 32,5 × 7,5 cm mit Öl ausstreichen.

Den Teig zusammenschlagen, in die Form legen und gut in die Ecken drücken. Etwa 30 Minuten backen, bis er locker aufgegangen und leicht gebräunt ist. Auf einem Drahtgitter auskühlen lassen und aus der Form stürzen. Den Laib in Scheiben schneiden und diese jeweils dritteln.

Das Öl mit den Kräutern und dem Knoblauch in einem Topf bei mittlerer Temperatur auf 180 °C erhitzen – die Temperatur ist erreicht, wenn ein Brotwürfel in 1 Minute eine goldbraune Farbe annimmt. Den Topf auf ein Rechaud in die Tischmitte stellen, das Öl muss heiß bleiben. Die Gäste spießen je ein Brotstück auf eine Fonduegabel und tauchen es ins heiße Öl, bis es knusprig gebräunt ist.

Piadine al prosciutto

Fladenbrot mit Schinken

Piadine, eine klassische Zubereitung aus der Emilia Romagna, werden traditionsgemäß auf dem *testo* gebacken, einer über Holzkohle erhitzten Terrakottaplatte. Genauso gelingen sie jedoch in einer schweren Eisenpfanne. Häufig bekommt man sie einmal zusammengefaltet und mit Parmaschinken, gekochtem Schinken, Salami oder Mortadella gefüllt.

Ergibt 6 Stück

375 g Mehl
1 TL Backpulver
120 ml Milch
120 ml Wasser
Salz
210 g Parmaschinken in feinen Scheiben

Mehl und Backpulver in eine Schüssel sieben und in die Mitte eine Mulde drücken. Die Milch und das Wasser in die Mulde gießen und kräftig untermischen. Den Teig leicht salzen. Auf einer bemehlten Arbeitsfläche etwa 10 Minuten mit den Handballen kneten, bis er schön geschmeidig ist. In sechs walnussgroße Portionen teilen und zu Kreisen von 2 mm Stärke ausziehen.

Eine große Gusseisenpfanne bei hoher Temperatur erhitzen. Die Fladen portionsweise etwa 1 Minute von jeder Seite braten, bis sich braune Sprenkel zeigen. Etwas abkühlen lassen. Mit dem Parmaschinken belegen, einmal zusammenfalten und warm oder raumtemperiert servieren.

Focaccine alle erbe

Kleine Kräuterfladen

Selbst Supermärkte bieten inzwischen frische Kräuter in erstaunlicher Auswahl. Ersatzweise verwenden Sie getrocknete Kräuter, etwa Oregano, Minze oder Estragon, oder aber Gewürze wie Fenchel-, Kreuzkümmel- oder Koriandersamen.

Ergibt 6 Stück

30 g frische Hefe
375 g Mehl
Salz
1/4 l lauwarmes Wasser
3 EL natives Olivenöl extra
1 EL sehr fein gehackter frischer Salbei
1 EL sehr fein gehackter frischer Rosmarin
1 EL frische Thymianblättchen
1 EL sehr fein gehackter Knoblauch
Frisch gemahlener Pfeffer

Aus der Hefe, dem Mehl, Salz und dem Wasser nach dem Grundrezept (Seite 182) einen Pizzateig herstellen.

In einer kleinen Schüssel das Öl mit den Kräutern und dem Knoblauch sowie Salz und Pfeffer nach Geschmack verrühren.

Den Backofen auf 200 °C vorheizen. Den Teig auf einer bemehlten Arbeitsfläche zusammenschlagen, in sechs walnussgroße Portionen teilen und zu Kreisen von 2 mm Stärke ausziehen. Auf ein mit Pergamentpapier ausgelegtes Backblech legen und mit dem Kräuteröl bestreichen. Die Fladen erneut 10 Minuten gehen lassen und anschließend in etwa 20 Minuten knusprig goldbraun backen. Auf einer Platte anrichten und heiß oder raumtemperiert servieren.

Focaccine con zucchine e patate

Kleine Zucchini-Kartoffel-Fladen

Im Prinzip gehören auf eine Pizza neben anderen Zutaten auch Tomaten, auf eine *focaccia* hingegen nicht. Natürlich gibt es aber auch hier die Ausnahme zur Regel. So nennen die Neapolitaner eine Pizza ohne Tomaten einfach *pizza bianca,* und mancherorts, zum Beispiel in der Toskana, heißt die *focaccia* auch *schiacciata.*

Ergibt 6 Stück

30 g frische Hefe
375 g Mehl
Salz
1/4 l lauwarmes Wasser
1 große Kartoffel
2 Zucchini
3 EL natives Olivenöl extra
Frisch gemahlener Pfeffer
2 EL frisch gehacktes Basilikum

Aus der Hefe, dem Mehl, Salz und dem Wasser nach dem Grundrezept (Seite 182) einen Pizzateig herstellen.

Die Kartoffel schälen und in dickere Scheiben, die Zucchini in feine Scheiben schneiden. In einem großen Topf reichlich Wasser zum Kochen bringen und die Kartoffelscheiben hineingeben. Sobald das Wasser erneut sprudelt, die Zucchini hinzufügen und das Gemüse noch einige Minuten kochen. Abgießen, mit dem Olivenöl vermischen und nach Geschmack salzen und pfeffern.

Den Backofen auf 200 °C vorheizen. Den Teig auf einer bemehlten Arbeitsfläche zusammenschlagen und in sechs walnussgroße Portionen teilen. Zu Kreisen von 2 mm Stärke ausziehen, auf ein mit Pergamentpapier ausgelegtes Backblech legen und mit den Zucchini- und Kartoffelscheiben in abwechselnden Kreisen belegen. Die Fladen erneut 10 Minuten gehen lassen und anschließend in etwa 20 Minuten knusprig goldbraun backen. Auf einer Platte anrichten, mit dem Basilikum bestreuen und noch warm servieren.

Focacce di ceci al rosmarino

Fladen aus Kichererbsenmehl mit Rosmarin

Kichererbsenmehl bekommen Sie nicht nur in italienischen Delikatessengeschäften, sondern ebenso im Naturkosthandel und in Läden, die indische Produkte anbieten. Auch mit Kastanienmehl gelingen diese Fladen. Zur Abwechslung ergänzen Sie den Rosmarin mit Salbei oder Sie ersetzen den Rosmarin durch getrocknete Minze.

Ergibt 6 Stück

3 große Eier
90 g Kichererbsenmehl
1 EL natives Olivenöl extra
1/4 l Milch
2 EL fein gehackter frischer Rosmarin
Salz
Butter zum Braten

Die Eier in einer Schüssel verquirlen. Das Mehl nach und nach zufügen und gründlich untermischen. Das Öl, dann die Milch, den Rosmarin und Salz nach Geschmack einrühren. 15 Minuten quellen lassen.

In einer beschichteten Pfanne von 17,5 cm Durchmesser etwas Butter bei mittlerer Temperatur zerlassen. So viel Teig einfüllen, dass der Boden etwa 2 mm hoch bedeckt ist. Einige Minuten stocken lassen, dann den Fladen auf einen Teller gleiten lassen und mit einem raschen Schwung zurück in die Pfanne stürzen, auf der zweiten Seite noch 1 Minute braten. Aus der Pfanne nehmen und warm stellen, bis alle anderen Fladen fertig gebraten sind. Die *focacce* sehr warm servieren.

Ciaccino all'aglio

Knusprige Fladen mit Knoblauch und Pancetta

Für diese toskanische Spezialität wird der Teig sehr dünn ausgerollt und mit Wasser besprengt, damit die Fladen schön knusprig geraten. Dieser Kniff wird übrigens auch beim Brotbacken häufig angewendet.

Für 6 Personen

30 g frische Hefe
375 g Mehl
Salz
1/4 l lauwarmes Wasser
6 EL natives Olivenöl extra
3 EL fein gehackter Knoblauch
3 EL fein gehackte Pancetta
Frisch gemahlener Pfeffer

Aus der Hefe, dem Mehl, Salz, dem Wasser und dem Öl, das mit der Hefe hinzugefügt wird, nach dem Grundrezept (Seite 182) einen Pizzateig herstellen.

Den Backofen auf 200 °C vorheizen. Den Teig auf einer bemehlten Arbeitsfläche zusammenschlagen und mit einem Wellholz zu einem hauchdünnen Rechteck ausrollen. Auf ein mit Pergamentpapier ausgelegtes Backblech heben. Mit dem Knoblauch und dem Speck bestreuen, salzen und pfeffern und zuletzt mit einer Gabel mehrfach einstechen. In etwa 20 Minuten knusprig goldbraun backen, dabei zweimal mit Wasser besprengen. Auf einem Drahtgitter abkühlen lassen und vor dem Servieren in beliebig große Stücke brechen.

Rechte Seite: Fladen aus Kichererbsenmehl mit Rosmarin

Calzoni alle cipolle

Kleine Teigtaschen mit Zwiebeln

Teigtaschen lassen sich einfacher mit den Fingern essen als Pizzen, weil die Füllung eingeschlossen ist. Anstelle der Sardellen können Sie für die Füllung Ziegenfrischkäse oder auch entsteinte und halbierte schwarze Oliven verwenden. Eine neapolitanische Freundin von mir hat mit ihren immer wieder anders gefüllten *calzoni* ihre Gäste schon oft begeistert.

Ergibt 18 Stück

30 g frische Hefe
375 g Mehl
Salz
1/4 l lauwarmes Wasser
3 EL natives Olivenöl extra
3 rote Zwiebeln
6 Sardellenfilets in Öl, abgetropft
Frisch gemahlener Pfeffer

Aus der Hefe, dem Mehl, Salz, dem Wasser und der Hälfte des Öls, das mit der Hefe hinzugefügt wird, nach dem Grundrezept (Seite 182) einen Pizzateig herstellen.

Die Zwiebeln in feine Scheiben schneiden, die Sardellen hacken. Das restliche Öl in einer Pfanne erhitzen. Die Zwiebeln mit den Sardellen einrühren und zugedeckt bei niedriger Temperatur in etwa 30 Minuten weich dünsten, dabei nach Bedarf gelegentlich etwas Wasser hinzufügen. Vom Herd nehmen, nach Geschmack salzen und pfeffern und abkühlen lassen.

Den Backofen auf 200 °C vorheizen. Den Teig auf einer bemehlten Arbeitsfläche zusammenschlagen. Mit einem Wellholz etwa 2 mm dick ausrollen und 18 Kreise mit 5 cm Durchmesser ausstechen. Die Teigstücke jeweils zur Hälfte mit den Zwiebeln belegen. Die zweite Hälfte darüber falten und die Ränder fest zusammendrücken.

Die *calzoni* auf ein mit Pergamentpapier ausgelegtes Backblech setzen und in etwa 20 Minuten goldbraun backen. Auf einer Platte warm servieren.

Calzoni con spinaci

Teigtaschen mit Spinat

Mangold, die Blätter von Roten Beten oder auch Brokkoli können den Spinat ersetzen. Für einen herzhafteren Geschmack nehme ich manchmal sogar Wirsing. Diese Teigtaschen sind zwar etwas größer, lassen sich aber gut aus der Hand essen.

Ergibt 6 Stück

30 g frische Hefe
375 g Mehl
Salz
1/4 l lauwarmes Wasser
3 EL natives Olivenöl extra
1 kg frischer Spinat
Frisch gemahlener Pfeffer
210 g Ziegenfrischkäse

Aus der Hefe, dem Mehl, Salz, dem Wasser und der Hälfte des Öls, das mit der Hefe hinzugefügt wird, nach dem Grundrezept (Seite 182) einen Pizzateig herstellen.

Den Spinat mehrmals in kaltem Wasser waschen, die Stiele nicht entfernen. Etwa 2 Minuten in kochendem Salzwasser blanchieren. Abseihen und gut abtropfen lassen. Das restliche Öl in einer großen Pfanne erhitzen. Den Spinat darin etwa 5 Minuten dünsten, dabei gelegentlich rühren und nach Geschmack pfeffern. Leicht abkühlen lassen und dann mit dem Käse vermengen.

Den Backofen auf 200 °C vorheizen. Den Teig auf einer bemehlten Arbeitsfläche zusammenschlagen. Mit einem Wellholz etwa 2 mm dick ausrollen und sechs Kreise von 15 cm Durchmesser ausstechen. Die Teigstücke jeweils zur Hälfte mit der Spinatmischung belegen. Die zweite Hälfte darüber falten und die Ränder fest zusammendrücken.

Die *calzoni* auf ein mit Pergamentpapier ausgelegtes Backblech setzen und in etwa 20 Minuten goldbraun und knusprig backen. Auf einer Platte anrichten und heiß servieren.

Piccoli calzoni alla pancetta

Teigtaschen mit Speck

Wer Pancetta nicht bekommt, kann für dieses Rezept auch Frühstücksspeck verwenden. Dessen Räuchernote wirkt sehr appetitanregend und passt gut zu Weißwein.

Ergibt 6 Stück

30 g frische Hefe
375 g Mehl
Salz
1/4 l lauwarmes Wasser
3 EL natives Olivenöl extra
240 g Pancetta oder Frühstücksspeck, fein gewürfelt
Frisch gemahlener Pfeffer

Aus der Hefe, dem Mehl, Salz und dem Wasser nach dem Grundrezept (Seite 182) einen Pizzateig herstellen.

Das Öl in einer Pfanne bei mittlerer Temperatur erhitzen und den Speck knusprig braun braten. Aus der Pfanne nehmen, abtropfen und abkühlen lassen.

Den Backofen auf 200 °C vorheizen. Den Teig auf einer bemehlten Arbeitsfläche zusammenschlagen, in sechs gleiche Portionen teilen und zu Kreisen von 2 mm Stärke ausziehen. Jeden Teigkreis jeweils zur Hälfte mit dem Speck bestreuen, die zweite Hälfte darüber falten und die Ränder fest zusammendrücken.

Die *calzoni* auf ein mit Pergamentpapier ausgelegtes Backblech setzen und in etwa 20 Minuten goldbraun backen. Auf einer Platte anrichten und noch heiß servieren.

Calzoni allo stracchino e tartufi

Teigtaschen mit Stracchino und weißer Trüffel

Entweder verwende ich für diese Zubereitung meinen Standard-Pizzateig oder ich schichte Crêpes, wie sie in dem Rezept auf Seite 104 beschrieben sind, abwechselnd mit der Füllung aufeinander. Dies ergibt eine elegantere Vorspeise.

Ergibt 6 Stück

30 g frische Hefe
375 g Mehl
Salz
1/4 l lauwarmes Wasser
300 g Stracchino (italienischer Frischkäse), ersatzweise Camembert oder Brie, nach Belieben entrindet
120 g Ricotta (italienischer Frischkäse)
4 EL frisch geriebener Parmesan
1 weiße Trüffel von etwa 30 g (nach Belieben)
Salz

Aus der Hefe, dem Mehl, Salz und dem Wasser nach dem Grundrezept (Seite 182) einen Pizzateig herstellen.

Den Backofen auf 200 °C vorheizen. Die drei Käsesorten vermengen, die Trüffel darüber hobeln und vorsichtig untermischen.

Den Teig auf einer bemehlten Arbeitsfläche zusammenschlagen. In sechs gleiche Portionen teilen und zu Kreisen von 2 mm Stärke ausrollen. Jeden Teigkreis jeweils zur Hälfte mit der Käse-Trüffel-Mischung belegen, die zweite Hälfte darüber falten und die Ränder fest zusammendrücken.

Die *calzoni* auf ein mit Pergamentpapier ausgelegtes Backblech setzen und in etwa 20 Minuten goldbraun und knusprig backen. Auf einer Platte anrichten und noch gut warm servieren.

Pizzette al taleggio

Kleine Pizzen mit Taleggio und Steinpilzen

Ebenso hübsch und handlich sind auch kleine Pizzaquadrate, für die man einfach ein großes Teigblatt vor dem Belegen und Backen wie gewünscht zerschneidet.

Ergibt 6 Stück

30 g frische Hefe
375 g Mehl
Salz
1/4 l lauwarmes Wasser
210 g halbweicher bis weicher Käse wie Taleggio oder Camembert, nach Belieben entrindet
3 EL Sahne
210 g frische Steinpilze
3 EL natives Olivenöl extra
1 Knoblauchzehe, fein gehackt
1 EL fein gehackte glatte Petersilie

Aus der Hefe, dem Mehl, Salz und dem Wasser nach dem Grundrezept (Seite 182) einen Pizzateig herstellen.

Den Backofen auf 200 °C vorheizen. Den Käse mit einer Gabel zerdrücken und mit der Sahne glatt rühren. Die Pilze mit einem Tuch abreiben, aber nicht waschen, und in feine Scheiben schneiden. In einer Pfanne das Öl erhitzen und darin den Knoblauch bei mittlerer Temperatur hellgelb schwitzen, dabei ständig rühren. Die Pilze etwa 3 Minuten unter häufigem Rühren mit einem Holzlöffel braten. Salzen und mit der Petersilie bestreuen.

Den Teig auf einer bemehlten Arbeitsfläche zusammenschlagen. In sechs walnussgroße Portionen teilen und zu Kreisen von 2 mm Stärke ausziehen. Auf ein mit Pergamentpapier ausgelegtes Backblech legen, mit der Käsecreme bestreichen und die Pilze darauf verteilen. Die Pizzen in etwa 20 Minuten goldbraun und knusprig backen. Auf einer Platte anrichten und heiß servieren.

Pizzette di patate

Kleine Kartoffelpizzen

Diese Pizzen verlangen unbedingt mehlig kochende Kartoffeln. Ich verwende eine gute, weißfleischige Sorte, aus der ich normalerweise auch Gnocchi herstelle.

Ergibt 18 Stück

500 g mehlig kochende Kartoffeln, ungeschält
180 g Mehl
120 ml Milch
1 großes Ei
Salz
4 EL natives Olivenöl extra
6 Knoblauchzehen, fein gehackt
2 EL fein gehackte glatte Petersilie

Die Kartoffeln gar kochen, abgießen, noch heiß schälen und durch die Kartoffelpresse drücken.

Den Backofen auf 200 °C vorheizen. Das Mehl, die Milch, das Ei und Salz nach Geschmack dem Kartoffelpüree zufügen und so lange kreisförmig rühren, bis sich ein gleichmäßiger Teig gebildet hat. Auf einer bemehlten Arbeitsfläche zu einer Rolle von etwa 5 cm Durchmesser formen. Etwa 1/2 cm dicke Scheiben abschneiden und mit den Händen flach drücken. Die Minipizzen auf ein mit Pergamentpapier ausgelegtes Backblech legen und in etwa 20 Minuten goldgelb backen, dabei mehrmals wenden.

Unterdessen das Öl in einer Pfanne erhitzen. Den Knoblauch hellgelb anschwitzen, dann die Petersilie einrühren. Die Pizzen auf einer Platte anrichten, mit dem Knoblauchöl beträufeln und sehr heiß servieren.

Pizzette di patate al parmigiano

Kleine Kartoffelpizzen mit Parmesan

Entstanden ist diese neapolitanische Spezialität, eine delikatere Variante der normalen Pizza, aus dem *gattò di patate,* einem traditionellen Kartoffelkuchen. Verwenden Sie keine allzu mehligen Kartoffeln, sonst könnte es Ihnen ergehen wie mir bei meinem ersten Versuch vor einigen Jahren: Die Pizzen zerliefen förmlich im Ofen und ich musste mir schnell etwas anderes für meine Gäste einfallen lassen.

Ergibt 18 Stück

1 kg Kartoffeln, ungeschält
Salz
2 große Eier
60 g Parmesan, frisch gerieben
Frisch gemahlener Pfeffer
Butter für das Backblech

Den Backofen auf 180 °C vorheizen. Die Kartoffeln mit kaltem Wasser bedecken, salzen und zum Kochen bringen. Weich kochen, abgießen, noch heiß schälen und durch die Kartoffelpresse drücken. Sobald das Püree etwas abgekühlt ist, die Eier, den Parmesan und Pfeffer nach Geschmack gut untermischen.

Ein tiefes Backblech von 33 × 25 cm Größe buttern. Die Masse ½ cm hoch darin verstreichen und in etwa 10 Minuten im Ofen goldbraun backen. Mit einem runden Ausstecher von 5 cm Durchmesser 18 Minipizzen ausstechen, mit einem Bratenwender auf ein Blech legen und nochmals etwa 10 Minuten backen, bis sie leicht knusprig sind. Auf einer Platte anrichten und warm oder raumtemperiert servieren.

Bignè al formaggio

Mini-Brandteigkrapfen mit Parmesan

Köstlich munden diese Krapfen auch, wenn man sie füllt, zum Beispiel mit einer cremigen Mischung aus Ricotta und Schinken oder Gorgonzola und Mascarpone oder gar – geradezu himmlisch – aus gehobelter weißer Trüffel und weichem Käse. Einfach einen Deckel abschneiden, die Füllung hineingeben und den Deckel wieder auflegen.

Ergibt 36 Stück

½ l Wasser
120 g Butter
1 Prise frisch geriebene Muskatnuss
Salz
250 g Mehl
150 g Parmesan, frisch gerieben
4 große Eier

In einem großen Topf das Wasser zum Kochen bringen. Butter, Muskatnuss und Salz nach Geschmack hinzufügen. Sobald die Butter geschmolzen ist, den Topf vom Herd nehmen. Das Mehl auf einmal hineingeben und sogleich energisch mit einem Holzlöffel rühren. Den Topf bei mittlerer Temperatur wieder auf den Herd setzen und rühren, bis sich der Teig vom Rand löst und einen Kloß bildet. Wieder vom Herd nehmen und beinahe völlig abkühlen lassen.

Den Backofen auf 180 °C vorheizen. Nacheinander die Eier unter die Brandmasse rühren – erst wenn ein Ei vollständig eingearbeitet ist, das nächste zugeben. Den Teig kräftig bearbeiten, bis er schön geschmeidig ist, dann erst den Parmesan untermischen.

Ein Backblech mit Pergamentpapier auslegen. Mit einem kleinen Löffel walnussgroße Bällchen vom Teig abstechen und in größeren Abständen auf das Blech setzen. Oder den Teig in einen Spritzbeutel füllen und mit der Lochtülle kleine Bällchen auf das Blech spritzen. Etwa 20 Minuten backen, bis die Krapfen locker aufgegangen und leicht gebräunt sind. Auf einer Platte anrichten und warm oder raumtemperiert servieren. Nach Belieben füllen, wie in der Einleitung beschrieben.

Panzerotti

Frittierte Plätzchen mit Sardellen

Ein typisches Rezept aus Süditalien, das aber ebenso in anderen Regionen des Landes sehr beliebt ist. Dabei variiert nicht nur der Name, sondern auch die Füllung. Sie kann aus Weichkäse, gehacktem Schinken oder einem Stück Wurst bestehen – und auch ganz fehlen.

Ergibt 18 Stück

30 g frische Hefe
375 g Mehl
Salz
1/4 l lauwarmes Wasser
9 Sardellenfilets in Öl, abgetropft und halbiert
Pflanzenöl zum Frittieren

Aus der Hefe, dem Mehl, Salz und dem Wasser nach dem Grundrezept (Seite 182) einen Pizzateig herstellen.

Den Teig auf einer bemehlten Arbeitsfläche zusammenschlagen und daraus 18 walnussgroße Kugeln formen. Jede mit einem Sardellenfilet füllen und die Teigkugeln zu einer Stärke von etwa 1/2 cm flach drücken.

In einer tiefen Pfanne reichlich Öl auf 180 °C erhitzen – die Temperatur ist erreicht, wenn ein Brotwürfel in 1 Minute eine goldbraune Farbe annimmt. Die *panzerotti* portionsweise frittieren, bis sie leicht gebräunt sind. Damit sie schön aufgehen, mehrfach mit dem heißen Öl beschöpfen. Auf Küchenpapier abtropfen lassen und sehr heiß servieren.

Panzerotti al formaggio

Frittierte Plätzchen mit Käse

Jedes Mal, wenn mein Sohn Guido in den Semesterferien nach Hause kommt, muss ich diese nördliche Variante der *panzerotti* für ihn zubereiten.

Ergibt 18 Stück

30 g frische Hefe
1/8 l lauwarme Milch
375 g Mehl
Salz
1/8 l lauwarmes Wasser
Pflanzenöl zum Frittieren
240 g cremiger Käse wie Stracchino, Camembert oder Brie, nach Belieben entrindet

Aus der Hefe, der Milch, dem Mehl, Salz und dem Wasser nach dem Grundrezept (Seite 182) einen Pizzateig herstellen.

Den Teig auf einer bemehlten Arbeitsfläche zusammenschlagen. In 18 walnussgroße Portionen teilen und zu Kreisen von 2 mm Stärke ausziehen.

Unterdessen in einer tiefen Pfanne reichlich Öl auf 180 °C erhitzen – die Temperatur ist erreicht, wenn ein Brotwürfel in 1 Minute eine goldbraune Farbe annimmt. Die Plätzchen portionsweise frittieren, bis sie leicht gebräunt sind. Damit sie schön aufgehen, dabei mehrfach mit dem heißen Öl beschöpfen. Auf Küchenpapier gut abtropfen lassen, einmal durchschneiden und die Hälften jeweils mit einem Stück Käse füllen. Möglichst sofort servieren, solange sie noch heiß sind.

Rechte Seite: Frittierte Plätzchen mit Sardellen

Crespelle ai funghi

Crêpes mit Steinpilzfüllung

Die italienische Küche kennt viele Crêpevariationen. Hatidza, mein wunderbarer Chef, füllt sie mit Béchamelsauce, die er mit Schinken oder Ricotta sowie gebratenen Garnelen oder gar Jakobsmuscheln köstlich verwandelt.

Ergibt 18 Stück

Für die Crêpes:
3 große Eier
120 g Mehl
$^1/_4$ l Milch
Salz und frisch gemahlener Pfeffer
Butter zum Braten
Für die Füllung:
15 g Butter
2 EL Mehl
$^1/_2$ Milch
90 g gekochter Schinken, gehackt
90 g Parmesan, frisch gerieben
1 Hand voll getrocknete Steinpilze, mindestens 30 Minuten in Wasser eingeweicht, ausgedrückt und gehackt
Salz und frisch gemahlener Pfeffer
Frische Schnittlauchstengel zum Zusammenbinden, kurz blanchiert

Für die Crêpes die Eier in einer Schüssel verquirlen. Nach und nach das Mehl, danach die Milch einrühren und zu einem klümpchenfreien Teig verarbeiten. Den Teig salzen und pfeffern.

In einer kleinen, beschichteten Pfanne (22 cm Durchmesser) etwas Butter bei mittlerer Temperatur zerlassen. So viel Teig hineingeben, dass der Pfannenboden hauchdünn bedeckt ist, und einige Minuten hellgelb backen. Die Crêpe herausnehmen und auf diese Weise den gesamten Teig verarbeiten.

Den Backofen auf 180 °C vorheizen. Für die Füllung die Butter in einem Topf zerlassen. Das Mehl ohne Farbe anschwitzen. Nach und nach die Milch hinzugießen und dabei ständig rühren, bis eine gebundene weiße Sauce entstanden ist. Den Topf vom Herd nehmen. Den Schinken, den Parmesan und die Pilze einrühren, die Mischung mit Salz und Pfeffer abschmecken.

Die Füllung esslöffelweise in die Mitte der Crêpes geben. Die Teigränder über der Füllung so zusammenfassen und mit einem Schnittlauchstengel zuschnüren, dass sie sich wie eine Blüte öffnen.

Die gefüllten Crêpes auf ein mit Pergamentpapier ausgelegtes Backblech setzen und in etwa 20 Minuten goldbraun backen. Auf einer Platte anrichten und heiß servieren.

TEIL III

Mit der Gabel zu essen

Dieser Teil des Buches legt den Schwerpunkt auf solche Antipasti, die bei einem eher formellen Essen oder Empfang als separater Gang serviert werden. Viele von ihnen ergeben aber auch eine eigenständige leichte Mittags- oder Abendmahlzeit.

Dass die Speisen auf einzelnen Tellern gereicht werden, ist in Italien bei einer privaten Einladung eher die Ausnahme – man käme sich vor wie im Restaurant. Stattdessen arrangiert man sie nach Belieben schlicht oder mit einer eleganten Garnierung auf einer Platte. Meist übernehmen es die Gäste selbst, sie weiterzureichen. Im Falle der nachfolgend präsentierten Antipasti mache ich gelegentlich eine Ausnahme von dieser Regel. Ich richte sie dann im Voraus hübsch auf einzelnen Tellern an und stelle sie eventuell auch schon auf den Tisch, bevor die Gäste Platz nehmen. Damit kann das Essen zügig beginnen.

Torte, Frittate, Timballi
Herzhafte Tartes, Omeletts und Soufflés

Bis auf wenige Ausnahmen werden die nachfolgenden Speisen in einer Form zubereitet. Bis ins 20. Jahrhundert hinein galten viele von ihnen als Zwischengericht. Tatsächlich kann man in zahlreichen alten Kochbüchern lesen, dass *piatti di mezzo* durchaus zur Vorspeise und umgekehrt Zwischengerichte als Antipasto gereicht werden können.

Torte oder Tartes sind pikante Kuchen. Jahrhundertelang waren sie erlesene Kreationen, gefüllt mit allerlei wundervollen Zutaten. Im Gegensatz zu dieser Tradition verlangt die heutige Zeit meiner Meinung nach weniger Opulenz, wobei das Geschmackserlebnis jedoch keinesfalls zu kurz kommen darf.

Frittate, die italienischen Varianten der Omeletts, habe ich bereits im Kapitel »Antipasti im Überblick« beschrieben. Da sie auch raumtemperiert gut schmecken, stellen sie eine willkommene Bereicherung für ein sommerliches Büfett dar. Dafür richte ich das Omelett im Ganzen auf einer Platte an und schneide es wie eine Torte auf. Für ein leichtes Sommeressen servieren Sie einfach zwei, drei verschiedene Omeletts und dazu einen knackigen grünen Salat. Eine richtige *frittata* muss innen noch feucht sein.

Zu den wohl elegantesten Zubereitungen in diesem Kapitel gehören die *timballi,* die Augen und Gaumen gleichermaßen erfreuen. Mit ein wenig Übung lassen sie sich mühelos zubereiten.

BEL PAESE
FORMAGGIO DEL BEL PA
S.p.A. EGIDIO GALBANI MELZO (ITALIA)
Galbani

Torta di bignè ai funghi

Brandteigring mit Steinpilzfüllung

Dieses Rezept erlaubt vielfältige Variationen. So ersetze ich die Steinpilze durch Champignons oder Shiitake, manchmal binde ich die Füllung mit einer leichten Béchamelsauce (Seite 177), ich kombiniere Ricotta mit gedämpftem Spinat oder Bratkartoffeln oder ich mische gebratene Zwiebeln mit Ziegenkäse.

Für 6–8 Personen

240 ml Wasser
120 g Butter
Salz
120 g Mehl
4 große Eier
3 EL natives Olivenöl extra
300 g frische Steinpilze, mit einem Tuch abgerieben und in Scheiben geschnitten
120 g gekochter Schinken, gehackt
120 g Parmesan, frisch gerieben
Frisch gemahlener Pfeffer

Den Backofen auf 180 °C vorheizen. In einem großen Topf das Wasser zum Kochen bringen, die Butter und Salz zufügen. Sobald die Butter geschmolzen ist, den Topf vom Herd nehmen. Das Mehl auf einmal hineingeben und sogleich energisch mit einem Holzlöffel rühren. Den Topf wieder aufsetzen und bei mittlerer Temperatur rühren, bis sich die Masse vom Rand löst und einen Kloß bildet. Wieder vom Herd nehmen und beinahe völlig abkühlen lassen. Nacheinander die Eier unterrühren – erst wenn ein Ei vollständig eingearbeitet ist, das nächste zugeben.

Ein Backblech mit Pergamentpapier auslegen und einen Kreis von 23 cm Durchmesser aufzeichnen. Den Teig löffelweise auf die Kreislinie setzen, bis ein geschlossener Ring entstanden ist. Etwa 30 Minuten backen, bis er auf das dreifache Volumen aufgegangen ist – dabei die Ofentür mit einem Holzspatel einen Spalt offen halten.

Unterdessen das Öl in einer Pfanne erhitzen. Die Pilze etwa 3 Minuten bei mittlerer Temperatur braten. Salzen, pfeffern und abkühlen lassen. Schinken und Käse einrühren, die Füllung beiseite stellen.

Den Brandteigring abkühlen lassen, danach einen Deckel abschneiden. Das Unterteil auf eine Platte setzen, mit der Pilzmischung füllen und den Deckel wieder auflegen. Mit Raumtemperatur servieren oder zuvor nochmals 15 Minuten aufwärmen.

Torta di gorgonzola con le pere

Gorgonzola-Birnen-Tarte

Für ein eleganteres Essen bereite ich diese Tarte mit Blätterteig (Seite 180) zu, während ich sonst Mürbteig verwende. Wird ein Mürbteigboden erst nach dem Backen gefüllt, sollte man ihn blind backen, damit der Boden schön eben bleibt und die Ränder nicht nach innen fallen. Dafür den gesamten Teigboden mehrmals mit einer Gabel einstechen, mit Pergamentpapier auslegen und mit trockenen Hülsenfrüchten gleichmäßig füllen. Den Boden backen und die Hülsenfrüchte mitsamt dem Papier wieder herausnehmen.

Für 6–8 Personen

250 g Mehl
120 g Butter, in kleine Stücke geschnitten
1 großes Eigelb
2 EL Milch
Butter und Mehl für die Form
210 g Gorgonzola
210 g Mascarpone
3 Birnen
Saft von 1 Zitrone
3 EL gehackte Walnüsse

Aus dem Mehl, der Butter, dem Eigelb und der Milch nach dem Grundrezept (Seite 182) einen Mürbteig herstellen.

Den Backofen auf 180 °C vorheizen. Den Teig ausrollen und damit eine gebutterte und gemehlte Pieform mit 23 cm Durchmesser und herausnehmbarem Boden auskleiden. Mit einer Gabel einstechen und etwa 30 Minuten goldbraun backen. Aus dem Ofen nehmen und abkühlen lassen. Die beiden Käsesorten zu einer glatten Creme verrühren. Die Birnen schälen, vom Kerngehäuse befreien und in feine Scheiben schneiden, diese mit dem Zitronensaft beträufeln. Den Boden mit der Käsecreme bestreichen, mit den Birnenscheiben belegen und die Walnüsse darüber streuen. Die Tarte auf einer Platte servieren.

Torta di mozzarella e pomodoro

Brotkuchen mit Mozzarella und Tomaten

Aus denkbar schlichten Zutaten entsteht ein delikater und eleganter Auflauf. Die Tomatensauce muss sehr dick sein und wird erst im letzten Moment vor dem Backen hinzugefügt.

Für 6-8 Personen

30 g Butter, zerlassen
12 Brotscheiben, 1 cm dick
4 große Eier
450 ml Milch
Salz und frisch gemahlener Pfeffer
300 g Mozzarella
6 Sardellenfilets in Öl, abgetropft
1 EL getrockneter Oregano
$^1/_4$ l Tomatensauce (Seite 178)

Eine ofenfeste Form mit der Hälfte der Butter ausstreichen. Die Brotscheiben in zwei Lagen einschichten – falls erforderlich, passend zuschneiden oder brechen. Die restliche Butter darauf verteilen. Die Eier mit der Milch sowie Salz und Pfeffer nach Geschmack verquirlen. Das Brot damit übergießen und einige Stunden ruhen lassen, bis das gesamte Ei aufgesogen ist.

Den Backofen auf 180 °C vorheizen. Die Mozzarella in Scheiben schneiden und auf das Brot legen. Die Sardellen darauf verteilen, mit Oregano bestreuen und mit der Tomatensauce überziehen. Etwa 40 Minuten backen, bis der Kuchen aufgegangen und appetitlich gebräunt ist. Sehr heiß servieren.

Torta di ricotta e provolone

Herzhafte Käsetarte

Der Kontrast zwischen der Süße des Teigs und dem salzigen Käse macht diese Zubereitung aus Süditalien zu einem reizvollen Genuss – nicht nur als Vorspeise, sondern auch zum Brunch oder bei einem Picknick.

Für 6-8 Personen

500 g Mehl
240 g Butter, in kleine Stücke geschnitten
2 große Eigelb
120 g Zucker
4 EL Milch
Butter und Mehl für die Form
240 g Ricotta (italienischer Frischkäse)
120 g Provolone (italienischer Filata-Käse), frisch gerieben
90 g Parmaschinken, in feine Streifen geschnitten
2 große Eier

Aus dem Mehl, der Butter, dem Eigelb, dem Zucker und der Milch nach dem Grundrezept (Seite 182) einen Mürbteig herstellen – den Zucker zuvor mit dem Mehl vermengen.

Den Backofen auf 180 °C vorheizen. Den Teig in zwei etwas ungleiche Portionen teilen. Die größere ausrollen und damit eine gebutterte und gemehlte Pieform mit 23 cm Durchmesser und herausnehmbarem Boden auskleiden. Die beiden Käsesorten mit dem Parmaschinken und den ganzen Eiern vermischen, in die Form füllen und glatt streichen. Die kleinere Teigportion ausrollen und als Deckel über die Füllung breiten. Überstehende Ränder abschneiden und den Teig mit einer Gabel mehrmals einstechen, sodass während des Backens der Dampf entweichen kann.

Die Tarte etwa 40 Minuten backen, bis sie schön gebräunt ist. Aus der Form nehmen, auf eine Platte gleiten lassen und warm oder raumtemperiert servieren.

Tortino di patate alle uova

Kartoffelkuchen mit Überraschung

Diese Piemonteser Spezialität habe ich bei meiner Großmutter kennen gelernt. Eine noch exquisitere Variante verwendet fein gehobelte weiße Trüffel *(grattatina)* anstelle der Sardellen.

Für 6 Personen

1 kg mehlig kochende Kartoffeln, ungeschält
60 g Butter
120 ml Milch
120 g Parmesan, frisch gerieben
Salz und frisch gemahlener Pfeffer
2 große Eier
Butter für die Form
12 hauchdünne Scheiben Fontina (italienischer Rohmilchkäse)
50 g Butterflöckchen zum Belegen
6 große Eigelb
12 Sardellenfilets in Öl, abgetropft

Die Kartoffeln in einem großen Topf mit kaltem Wasser bedecken und zum Kochen bringen. In etwa 30 Minuten weich kochen, abgießen, noch heiß schälen und durch eine Kartoffelpresse zurück in den Topf drücken. Die Butter, die Milch und den Parmesan untermischen und das Püree bei niedriger Temperatur etwa 10 Minuten rühren. Salzen und pfeffern, danach völlig abkühlen lassen. Die beiden Eier gründlich untermischen.

Unterdessen den Backofen auf 180 °C vorheizen. Eine ofenfeste Form buttern und die Kartoffelmasse einfüllen. Mit einem Messer glatt streichen und sechs Mulden hineindrücken, die später die Eigelbe aufnehmen sollen. Jede Mulde mit einer Käsescheibe auslegen und die Butterflöckchen auf der gesamten Oberfläche verteilen. In etwa 20 Minuten fast ohne Farbe backen. In jede Mulde ein Eigelb setzen, jeweils zwei Sardellenfilets kreuzweise darauf legen und mit den restlichen Käsescheiben bedecken. Nochmals 5 Minuten backen, bis der Käse leicht zerläuft – das Eigelb soll nicht stocken. Sogleich servieren.

Torta di broccoli e formaggio

Brokkoli-Käse-Tarte

Die bei der Vorbereitung abfallenden Brokkolistiele können Sie in eine Suppe geben oder passieren und unter Kartoffelpüree mischen. In jedem Fall sollten sie vor der weiteren Verarbeitung geschält werden.

Für 6–8 Personen

250 g Mehl
120 g Butter
1 großes Eigelb
2 EL Milch
Butter und Mehl für die Form
Salz
300 g Brokkoliröschen
150 g Fontina (italienischer Rohmilchkäse)
2 große Eier
120 ml Sahne
1 Prise frisch geriebene Muskatnuss
Frisch gemahlener Pfeffer

Aus dem Mehl, der Butter, dem Eigelb und der Milch nach dem Grundrezept (Seite 182) einen Mürbteig herstellen.

Den Teig 2 mm dick ausrollen und damit eine gebutterte und gemehlte Pieform mit 23 cm Durchmesser und herausnehmbarem Boden auskleiden. Bis zur Verwendung kalt stellen.

Den Backofen auf 180 °C vorheizen. In einem großen Topf reichlich Wasser zum Kochen bringen und salzen. Die Brokkoliröschen 1 Minute blanchieren und abgießen. Den Käse würfeln. Die Eier mit der Sahne verquirlen, mit Muskatnuss, Salz und Pfeffer würzen. Die Brokkoliröschen auf dem Teig verteilen, mit den Käsewürfeln bestreuen und mit der Ei-Sahne-Mischung übergießen. Die Tarte etwa 40 Minuten backen, bis sie schön gebräunt ist. Aus der Form nehmen und auf einer Platte anrichten, gut warm servieren.

Torta di polenta alle cipolle

Polenta mit Zwiebelfüllung

Ursprünglich ein denkbar schlichtes Mahl genießt die Polenta inzwischen selbst in Feinschmeckerkreisen höchste Wertschätzung. Diese elegante Vorspeise lässt sich mit etwas Fantasie vielseitig abwandeln.

Für 6 Personen

1 kg Zwiebeln
30 g Butter
2 EL natives Olivenöl extra
1 Prise frisch geriebene Muskatnuss
210 g Fontina oder Asiago, gewürfelt
1,5 l Wasser
Salz
240 g gelber Maisgrieß (grobe Körnung)

Die Zwiebeln schälen und in Scheiben schneiden. Die Butter mit dem Öl in einer großen Pfanne bei niedriger Temperatur erhitzen. Die Zwiebeln darin etwa 2 Stunden zugedeckt garen, bis sie beinahe schmelzen. Damit sie nicht anbrennen, gelegentlich etwas Wasser hinzufügen. Die Pfanne vom Herd nehmen, die Muskatnuss und den Käse untermischen.

Etwa 15 Minuten, bevor die Zwiebeln gar sind, in einem großen Topf das Wasser zum Kochen bringen und salzen. Den Maisgrieß ganz langsam einrieseln lassen und dabei ständig mit einem Schneebesen schlagen. Einen Deckel auflegen und den Maisbrei in etwa 10 Minuten garen.

Eine 2-Liter-Form mit Wasser ausspülen. Die Hälfte der Polenta, als nächstes die Zwiebeln und schließlich die restliche Polenta einfüllen. Die gefüllte Polenta auf eine Platte stürzen und sogleich servieren.

Sie können sie auch einige Stunden aufbewahren. In diesem Fall vor dem Servieren etwa 20 Minuten bei 180 °C im vorgeheizten Ofen (in der Form) aufwärmen.

Torta di patate alla salsiccia

Kartoffeltarte mit Zwiebeln und Wurst

Gewöhnlich bereite ich diesen Kuchen mit milder Schweinswurst zu. Je nach Geschmack können Sie jedoch auch die mit Chiliflocken scharf gewürzten neapolitanischen Würste verwenden. Oder Sie ersetzen die Wurst durch gehackte Pancetta oder Frühstücksspeck.

Für 6 Personen

1 kg mehlig kochende Kartoffeln, ungeschält
15 g Butter
90 g Fontina (italienischer Rohmilchkäse), frisch gerieben
4 große Eier
2 EL natives Olivenöl extra
480 g Gemüsezwiebeln, in Scheiben geschnitten
120 ml Sahne
15 g Butter und
60 g Semmelbrösel für die Form
210 g salsiccia (milde italienische Schweinswurst), enthäutet und zerkrümelt

Die Kartoffeln ungeschält in kaltem Wasser aufsetzen, zum Kochen bringen und in etwa 30 Minuten weich kochen. Abgießen, noch heiß schälen und durch eine Kartoffelpresse drücken. Die Butter und den Käse unterrühren. Die Masse völlig abkühlen lassen und anschließend 2 Eier untermischen.

Das Öl in einer großen Pfanne bei mittlerer Temperatur erhitzen. Die Zwiebeln in etwa 10 Minuten goldbraun dünsten, dabei häufig rühren. In einer Schüssel mit der Sahne vermischen. Abkühlen lassen und die restlichen beiden Eier unterrühren.

Unterdessen den Backofen auf 180 °C vorheizen. Eine Pieform mit 25 cm Durchmesser und herausnehmbarem Boden mit der Butter ausstreichen und mit den Semmelbröseln ausstreuen. Die Kartoffelmasse einfüllen und mit einem Messer glatt streichen. Mit der Zwiebelmischung bedecken und das Wurstbrät darauf verteilen. Etwa 40 Minuten backen, bis die Oberfläche gebräunt ist. Einige Minuten ruhen lassen. Aus der Form nehmen, auf einer Platte anrichten und warm servieren.

Torta di fichi e formaggio di capra

Käse-Feigen-Tarte

Feigen harmonieren vorzüglich mit salzigen Zutaten, in diesem Fall Ziegenkäse. Gut passen sie auch zu Lamm- oder Schweinebraten und häufig werden sie mit Parmaschinken serviert. Am besten sind in der Regel die kleineren Früchte, egal ob grün oder blau. Unbehandelte Früchte brauchen nicht geschält zu werden, sie lassen sich besonders dekorativ anrichten.

Für 10–12 Personen

250 g Mehl
120 g Butter, in kleine Stücke geschnitten
1 großes Eigelb
2 EL Milch
Butter und Mehl für die Form
2 große Eier
240 g Ziegenfrischkäse
240 g Ricotta (italienischer Frischkäse)
Frisch gemahlener Pfeffer
6 frische Feigen

Aus dem Mehl, der Butter, dem Eigelb und der Milch nach dem Grundrezept (Seite 182) einen Mürbteig herstellen.

Den Backofen auf 180 °C vorheizen. Den Teig 2 mm dick ausrollen und damit eine gebutterte und gemehlte Pieform mit 25 cm Durchmesser und herausnehmbarem Boden auskleiden. Die beiden ganzen Eier verquirlen. Mit dem Ziegenkäse, der Ricotta und Pfeffer nach Geschmack gründlich verrühren. Die Mischung in die Form füllen und mit einem Messer glatt streichen. Die Tarte etwa 30 Minuten backen.

Unterdessen die Feigen schälen und vierteln. Die Tarte damit belegen und weitere 10 Minuten backen, bis die Oberfläche appetitlich gebräunt ist. Auf einem Drahtgitter leicht abkühlen lassen. Den Formrand abnehmen, die Tarte auf eine Platte gleiten lassen und raumtemperiert servieren.

Tortino di patate

Riesenrösti

Das Rezept erinnert zwar an Berner Rösti, erhält aber durch den gehackten Rosmarin eine unverkennbar italienische Note. Köstlich schmecken die Rösti auch, wenn man sie mit einem weichen Käse wie Stracchino, Camembert oder Brie belegt.

Für 6 Personen

6 große Kartoffeln
2 EL fein gehackter Rosmarin
Salz und frisch gemahlener Pfeffer
3 EL natives Olivenöl extra

Die Kartoffeln schälen und raffeln. Mit dem Rosmarin vermischen, salzen und pfeffern.

Die Hälfte des Öls in einer großen Pfanne erhitzen. Die Kartoffeln hineingeben und fest zusammendrücken. Einen Deckel so auflegen, dass er nicht ganz schließt, und die Kartoffeln bei niedriger Temperatur etwa 10 Minuten braten, dabei die Pfanne gelegentlich rütteln. Den Kartoffelkuchen mit einem raschen Schwung auf den Deckel stürzen. Das restliche Öl in die Pfanne geben, den Kartoffelkuchen wieder hineingleiten lassen und von der zweiten Seite in weiteren 10 Minuten goldbraun und knusprig braten. Auf einer Platte anrichten und sehr heiß servieren.

Rechte Seite: Käse-Feigen-Tarte

Torta di frittate

Omelett-»Lasagne« mit Auberginen

Hier ist wieder viel Spielraum für Abwechslung gegeben. So können Sie zusätzlich zu den Auberginen auch Zucchini, Schinkenscheiben oder fein geschnittenen Käse wie Fontina oder Asiago verwenden.

Für 6 Personen

6 große Eier
Salz und frisch gemahlener Pfeffer
3 EL natives Olivenöl extra
2 größere, rundliche Auberginen
15 g Butter für die Form
¼ l Béchamelsauce (Seite 177)
500 g Kirschtomaten

Die Eier einzeln mit etwas Salz und Pfeffer verquirlen. In einer beschichteten Pfanne von 20 cm Durchmesser ½ Esslöffel Öl bei mittlerer Temperatur erhitzen. Ein Ei hineingeben, durch Schwenken der Pfanne gut verteilen und beinahe völlig stocken lassen. Das dünne Omelett mit einem Bratenwender umdrehen und von der zweiten Seite noch etwa 45 Sekunden braten. Auf einen Teller gleiten und abkühlen lassen. Auf diese Weise weitere fünf Omeletts zubereiten.

Die Auberginen quer in etwa ½ cm dicke Scheiben schneiden. Etwa 1 Minute grillen, bis sie weich sind, und dann leicht salzen.

Den Backofen auf 180 °C vorheizen. Eine runde, ofenfeste Form von 20 cm Durchmesser buttern und das erste Omelett hineinlegen. Mit etwas Béchamelsauce bestreichen und mit einigen Auberginenscheiben belegen. Das zweite Omelett auflegen und in derselben Reihenfolge fortfahren, bis die Zutaten verbraucht sind. Das Ganze mit der restlichen Béchamelsauce überziehen und mit den Tomaten umlegen. Das Gericht etwa 20 Minuten backen, bis es durch und durch heiß ist. Sogleich servieren.

»Trippa« di frittata

Falsche Kutteln

Bei diesen »Kutteln«, die zu meinen liebsten Kindheitserinnerungen gehören, sagt niemand nein. Gut gelingt das Gericht auch mit einer Tomatensauce, wie auf Seite 178 beschrieben.

Für 6 Personen

6 extra große Eier
Salz und frisch gemahlener Pfeffer
3 EL natives Olivenöl extra
½ l Fleischsauce (Seite 178)
90 g Parmesan, frisch gerieben

Die Eier einzeln mit etwas Salz und Pfeffer verquirlen. In einer beschichteten Pfanne von 23 cm Durchmesser ½ Esslöffel Öl bei mittlerer Temperatur erhitzen. Ein Ei hineingeben, durch Schwenken der Pfanne gut verteilen und beinahe völlig stocken lassen. Das dünne Omelett mit einem Bratenwender umdrehen und von der zweiten Seite noch etwa 45 Sekunden braten. Auf einen Teller gleiten und abkühlen lassen. Auf diese Weise weitere fünf Omeletts zubereiten.

Die Omeletts auf einer Arbeitsfläche aufrollen und quer in etwa 1 cm breite Streifen schneiden. Unterdessen die Fleischsauce in einem großen Topf erwärmen. Die Omelettstreifen hineingeben und alles zusammen zugedeckt bei mittlerer Temperatur etwa 2 Minuten kräftig erhitzen. Auf einer Platte anrichten, mit dem Parmesan bestreuen und sehr warm servieren.

Sfogliata di radicchio

Radicchiotarte

Chicorée, Blumenkohl, Brokkoli oder auch die Blätter von Roten Beten anstelle des Radicchio sorgen bei diesem Rezept für schier endlose Abwechslung.

Für 6 Personen

60 g Rosinen
300 g roter Radicchio
3 EL natives Olivenöl extra
3 Sardellenfilets in Öl, abgetropft
300 g Blätterteig (Seite 180), ersatzweise fertig gekauft
90 g schwarze Oliven, entsteint
Salz und frisch gemahlener Pfeffer

Die Rosinen etwa 30 Minuten in Wasser quellen lassen.

Den Backofen auf 200 °C vorheizen.

Die Radicchioköpfe halbieren. Das Öl in einer Pfanne bei mittlerer Temperatur erhitzen und den Radicchio etwa 5 Minuten braten, bis er zusammenfällt. Abkühlen lassen. Unterdessen die Rosinen abtropfen lassen, die Sardellen hacken.

Den Blätterteig zu einem Kreis ausrollen, groß genug, um damit eine kalt ausgespülte Pieform von 25 cm Durchmesser auszulegen. Den Radicchio einfüllen, die Rosinen, die Sardellen und die Oliven darüber verteilen. Etwa 40 Minuten backen, bis der Teig appetitlich gebräunt ist. Vom Formrand lösen, die Tarte auf eine Platte gleiten lassen und warm oder raumtemperiert servieren.

Sfogliata di zucchine

Zucchinitarte

Obwohl der Handel inzwischen recht guten Blätterteig aus der Tiefkühltruhe bietet, ziehe ich den selbst gemachten immer noch vor. In der richtigen Temperatur und Konsistenz liegt der Schlüssel zum Erfolg, und den hat man bald gefunden.

Für 6 Personen

300 g Blätterteig (Seite 180), ersatzweise fertig gekauft
1 kleine Zwiebel
6 kleine Zucchini
3 EL natives Olivenöl extra
Salz und frisch gemahlener Pfeffer
210 g Mozzarella
1 Hand voll frische Minzeblätter
2 große Eier
60 g Käse am Stück, etwa Parmesan, Fontina oder Pecorino, frisch gerieben

Den Backofen auf 200 °C vorheizen. Den Blätterteig zu einem Kreis ausrollen, groß genug, um damit eine Pieform von 23 cm Durchmesser auszulegen. Bei Blätterteig wird die Form nicht gefettet, sondern nur kalt ausgespült.

Zwiebel und Zucchini in Scheiben schneiden. Das Öl in einer Pfanne bei mittlerer Temperatur erhitzen. Zwiebel und Zucchini darin etwa 10 Minuten dünsten, dabei gelegentlich mit einem Holzlöffel rühren. Salzen und pfeffern.

Unterdessen die Mozzarella in Scheiben schneiden. Die Pfanne vom Herd nehmen und das Gemüse mit der Mozzarella mischen. Auf dem Teig verteilen und mit der Minze bestreuen. Die Eier in einer Schüssel verquirlen und über die Gemüsemischung gießen. Den geriebenen Käse darüber streuen und etwa 40 Minuten backen, bis die Oberfläche appetitlich gebräunt ist. Einige Minuten ruhen lassen. Vom Formrand lösen, die Tarte auf eine Platte gleiten lassen und gut warm servieren.

Frittata ripiena arrotolata

Gefüllte Omelettrollen

Sehr populär und elegant dazu ist diese Zubereitung, die meine Mutter oft servierte. Für eine vegetarische Füllung kombinieren Sie Ricotta mit gedünstetem Spinat.

Für 6 Personen

6 große Eier
Salz und frisch gemahlener Pfeffer
3 EL natives Olivenöl extra
60 g Parmesan, frisch gerieben
60 g weiche Butter
¹/₄ l Béchamelsauce (Seite 177)
210 g gekochter Schinken, in hauchdünnen Scheiben

Die Eier mit Salz und Pfeffer nach Geschmack verquirlen. Die Hälfte des Öls in einer beschichteten Pfanne von 30 cm Durchmesser erhitzen. Die Hälfte der Eimischung hineingießen und beinahe völlig stocken lassen. Das Omelett mit Hilfe eines Tellers wenden, wieder in die Pfanne gleiten lassen und von der zweiten Seite noch etwa 45 Sekunden braten. Mit dem restlichen Ei und Öl ein zweites Omelett zubereiten.

Den Parmesan und die Butter unter die Béchamelsauce rühren. Jedes Omelett auf einer Seite damit bestreichen und mit dem Schinken belegen. Einzeln aufrollen, fest in Klarsichtfolie wickeln und mindestens 2 Stunden kalt stellen.

Die Omeletts auswickeln und in etwa 1 cm dicke Scheiben schneiden. Dachziegelartig auf einer Platte anrichten und raumtemperiert servieren.

Strudel di patate e caprino

Kartoffelstrudel mit Ziegenkäse

Hier lernen Sie, wie man den echten Strudelteig herstellt – eine Kunst, die durch die Fertigprodukte immer mehr in Vergessenheit gerät. Es handelt sich bei diesem Rezept um einen Teig, der dem griechischen Filoteig sehr ähnlich ist. Nehmen Sie sich etwas Zeit für diese Erfahrung, es lohnt sich.

Für 6 Personen

500 g Mehl plus 120 g für die Teigbearbeitung
350 ml Wasser
Salz
Etwa 4 EL natives Olivenöl extra
zum Bestreichen und Ausziehen des Strudelteigs
6 Kartoffeln
1 große Zwiebel
210 g Ziegenfrischkäse
Butter und Mehl für die Form

In einer großen Schüssel das Mehl mit dem Wasser und etwas Salz mit einer Gabel verrühren, bis die gesamte Flüssigkeit aufgenommen ist. Mit den Händen kneten, bis ein glatter, weicher Teig entsteht. Zu einer Kugel formen, mit Öl bestreichen, auf einen mit Öl bestrichenen Teller legen und 30 Minuten bei Raumtemperatur ruhen lassen.

Einen großen Tisch mit einem bemehlten Tuch bedecken. Den Teig darauf mit dem ebenfalls bemehlten Wellholz zu einem Kreis von 50 cm Durchmesser ausrollen. Wieder mit Öl bestreichen und etwa 10 Minuten ruhen lassen.

Unterdessen die Kartoffeln und die Zwiebel schälen und auf einer Rohkostreibe direkt in eine Schüssel raffeln. Salzen, den Käse zufügen und alles gründlich vermischen.

Den Backofen auf 180 °C vorheizen.

Die Handrücken beider Hände unter den Teig schieben und diesen durch sanftes Ziehen in alle Richtungen ausziehen, bis er durchscheinend dünn ist – die Größe muss etwa dem Dreifachen des Ausgangskreises entsprechen. Die Kartoffel-Käse-Füllung auf einer Seite der Teigfläche als dicken Strang verteilen. Die dicken Teigränder rundum abschneiden und die Füllung in den Teig einrollen – dabei leistet das Tuch, indem man es gleichmäßig anhebt und ständig nachfasst, wertvolle Mithilfe. Damit die Füllung nicht herausquellen kann, die seitlichen Teigenden über die Füllung schlagen.

Eine Springform von 27,5 cm Durchmesser buttern und einmehlen. Den Strudel, in der Mitte beginnend, spiralförmig hineinlegen – der Boden soll schließlich ganz ausgefüllt sein. In etwa 50 Minuten mit wenig Farbe backen. Den Strudel auf eine Platte stürzen und warm servieren.

Rechte Seite: Gefüllte Omelettrollen

Frittata soffiata ai carciofi

Soufflé mit Artischocken

Mit Brokkoli oder Zucchini gelingt dieser delikate Genuss genauso. Im Sommer verwende ich auch gerne Kirschtomaten, die ich einfach roh hinzugebe.

Für 6 Personen

6 Artischocken
Saft von 1 Zitrone
120 g Mehl
Pflanzenöl zum Frittieren
1 EL natives Olivenöl extra für die Form
6 große Eier
Salz und frisch gemahlener Pfeffer

Von den Artischocken den Stiel abbrechen und dabei gleichzeitig die harten Fasern aus dem Blütenboden herausziehen. Die harten Blätter rund um den Stielansatz wegzupfen. Harte Blattspitzen sowie das obere Drittel der Früchte (nur bei größeren Exemplaren) abschneiden und vorsichtig das Heu entfernen. Sogleich in eine Schüssel mit Wasser legen, das mit dem Zitronensaft gesäuert wurde – so laufen sie nicht dunkel an. Sobald sie alle vorbereitet sind, abgießen, trockentupfen und gründlich im Mehl wälzen.

Unterdessen reichlich Öl in einer großen Pfanne auf 180 °C erhitzen – die Temperatur ist erreicht, wenn ein Brotwürfel in 1 Minute eine goldbraune Farbe annimmt. Die Artischocken in etwa 5 Minuten rundum goldbraun frittieren und auf Küchenpapier abtropfen lassen.

Den Backofen auf 180 °C vorheizen. Eine Soufféform von 30 cm Durchmesser mit dem Öl ausstreichen. Die Eier trennen. Das Eigelb mit Salz und Pfeffer nach Geschmack verquirlen. Das Eiweiß in einer zweiten Schüssel zu Schnee schlagen und das Eigelb unterziehen. Die Artischocken in die vorbereitete Form setzen und mit der Eimasse bedecken. Das Soufflé etwa 20 Minuten backen, bis es locker aufgegangen und appetitlich gebräunt ist. In der Form sogleich servieren.

Cannelloni di frittata al prosciutto e provolone

Omelett-Cannelloni mit Schinken und Provolone

Salami mit Fontina oder Mozzarella, alternativ Parmaschinken mit Ricotta und Kirschtomaten ergeben ebenfalls leckere Füllungen für dieses Rezept.

Für 6 Personen

6 große Eier
Salz und frisch gemahlener Pfeffer
3 EL natives Olivenöl extra
210 g gekochter Schinken, gewürfelt
210 g Provolone (italienischer Filata-Käse), gewürfelt
30 g Butter für die Form und als Flöckchen
6 EL frisch geriebener Parmesan

Den Backofen auf 180 °C vorheizen.

Die Eier jeweils einzeln mit etwas Salz und Pfeffer verquirlen. In einer beschichteten Pfanne von 20 cm Durchmesser ½ Esslöffel Öl bei mittlerer Temperatur erhitzen. Ein Ei hineingießen, durch Schwenken der Pfanne gut verteilen und beinahe völlig stocken lassen. Das dünne Omelett mit einem Bratenwender umdrehen und von der zweiten Seite noch etwa 45 Sekunden braten. Auf einen Teller gleiten und abkühlen lassen. Auf diese Weise weitere fünf Omeletts zubereiten.

Jedes Omelett mit dem Schinken und dem Käse belegen und aufrollen. Eine ofenfeste Form mit der Hälfte der Butter ausstreichen und die Omelett-Cannelloni hineinlegen. Die restliche Butter in Flöckchen darauf verteilen und den Parmesan darüber streuen. Etwa 20 Minuten backen, bis die Rollen durch und durch heiß sind. Sogleich servieren.

Frittata di mozzarella e pomodoro

Omelett mit Mozzarella und Tomaten

Bei einem zwanglosen Essen werden in Italien gern Omeletts serviert. Damit sie schön saftig geraten, brät man sie stets in der Pfanne. Im Ofen würden sie hingegen zu trocken.

Für 6 Personen

6 große Eier
3 EL Sahne
45 g Parmesan, frisch gerieben
Salz und frisch gemahlener Pfeffer
2 EL natives Olivenöl extra
300 g vollreife Eiertomaten, enthäutet und gewürfelt
210 g Mozzarella, in Scheiben geschnitten
60 g Rucola

In einer Schüssel die Eier mit der Sahne und dem frisch geriebenen Parmesan verquirlen, salzen und pfeffern.

Eine Pfanne von 28 cm Durchmesser bei mittlerer Temperatur erhitzen. Das Öl hineingeben. Sobald es heiß ist, die Eimischung hineingießen und in 5 Minuten beinahe völlig stocken lassen. Das Omelett mit einem raschen Schwung auf einen Teller stürzen und wieder in die Pfanne gleiten lassen. Die Temperatur auf die kleinste Stufe herunterschalten. Das Omelett mit den Tomaten und den Mozzarellascheiben belegen und zugedeckt weitere 3 Minuten garen, bis der Käse schmilzt. Auf eine Platte gleiten lassen, mit der Rucola belegen und noch gut warm servieren.

Frittata di patate e acciughe

Kartoffelomelett mit Sardellen

Auch bei einem Picknick bietet das herzhafte Omelett eine willkommene Stärkung. Die Sardellen können durch Thunfisch ersetzt werden.

Für 6 Personen

3 große Kartoffeln
1 Zwiebel
5 EL natives Olivenöl extra
60 g schwarze Oliven, entsteint
60 g Kapern in Essig, abgetropft
6 große Eier
Salz und frisch gemahlener Pfeffer
1 EL getrockneter Oregano
6 Sardellenfilets in Öl, abgetropft und gehackt

Kartoffeln und Zwiebel schälen und in Scheiben schneiden. In einer großen Pfanne (28 cm Durchmesser) 4 Esslöffel Öl bei mittlerer Temperatur erhitzen. Die Kartoffeln mit der Zwiebel in etwa 15 Minuten goldbraun braten, dabei häufig mit einem Holzspatel wenden. Leicht abkühlen lassen, dann die Oliven und Kapern untermischen.

Die Eier in einer großen Schüssel mit Salz und Pfeffer nach Geschmack verquirlen. Den Oregano, die Sardellen und die abgekühlte Kartoffelmischung zufügen.

Das restliche Öl in einer großen beschichteten Pfanne bei mittlerer Temperatur erhitzen. Die Eimasse hineingeben und in etwa 5 Minuten beinahe völlig stocken lassen. Mit einem raschen Schwung auf einen Teller stürzen, wieder in die Pfanne gleiten lassen und von der zweiten Seite noch einige Minuten braten. Auf einer Platte anrichten und warm oder raumtemperiert servieren.

Crostini di uova e spinaci

Gebackenes Brot mit Ei im Spinatnest

Schon meine Mutter servierte diese Crostini, allerdings als Hauptspeise zum Abendessen. Bis heute hat dieser Antipasto nichts von seiner Beliebtheit verloren.

Für 6 Personen

Salz
1 kg frischer Spinat
120 g Parmesan, frisch gerieben
4 EL natives Olivenöl extra
6 Brotscheiben
6 große Eier
Frisch gemahlener Pfeffer

In einem großen Topf etwas Wasser zum Kochen bringen und salzen. Den Spinat zufügen und in etwa 2 Minuten gerade eben zusammenfallen lassen. Abgießen, gut ausdrücken, fein hacken und mit der Hälfte des Parmesan vermischen.

Die Hälfte des Öls in einer großen Pfanne erhitzen. Den Spinat bei mittlerer Temperatur etwa 5 Minuten dünsten, danach abkühlen lassen.

Den Backofen auf 180 °C vorheizen. Die Brotscheiben mit dem restlichen Öl bestreichen und auf ein mit Pergamentpapier ausgelegtes Backblech legen. Den Spinat so auf den Broten verteilen, dass in der Mitte jeweils ein »Nest« entsteht. Je ein Ei hineinschlagen, mit dem restlichen Parmesan bestreuen und nach Geschmack pfeffern. Die Brotscheiben etwa 10 Minuten backen, bis das Eiweiß gestockt ist. Auf einer Platte anrichten und sehr warm servieren.

Frittata di sedano rapa

Sellerieomelett

Knollensellerie ist in Italien nicht sehr verbreitet – leider, denn er ist sehr schmackhaft. Ich mag ihn nicht nur in Suppen, sondern auch in Salaten, geschmort als Gemüse oder als Beilage zu Fleisch- und Fischgerichten. Fenchel ist ein adäquater Ersatz.

Für 6 Personen

2 Knollen Sellerie (insgesamt etwa 600 g)
6 große Eier
Salz und frisch gemahlener Pfeffer
120 g Fontina (italienischer Rohmilchkäse), gerieben
2 EL natives Olivenöl extra

Den Sellerie schälen und auf einer Gemüsereibe grob raffeln. Die Eier in einer großen Schüssel mit Salz und Pfeffer nach Geschmack verquirlen, anschließend den Käse und den Sellerie unterrühren.

Die Hälfte des Öls in einer beschichteten Pfanne bei mittlerer Temperatur erhitzen. Die Eimasse hineingeben und in einigen Minuten beinahe völlig stocken lassen. Das Omelett mit einem raschen Schwung auf einen Teller stürzen. Das restliche Öl in die Pfanne geben. Das Omelett wieder hineingleiten lassen und von der zweiten Seite nur 1 Minute braten – es soll innen noch schön saftig sein. Auf einer Platte anrichten und warm oder raumtemperiert servieren.

Timballo di polenta e salsicce

Polenta mit Wurst-Steinpilz-Füllung

Welch köstliche Überraschung, wenn die Polenta aufgeschnitten wird und die herzhafte Sauce zutage tritt! Vorzüglich mundet die Polenta auch mit Fleischsauce (Seite 178).

Für 6 Personen

1,9 l Wasser
Salz
240 g gelber Maisgrieß (grobe Körnung)
1 Hand voll getrocknete Steinpilze
2 EL natives Olivenöl extra
300 g salsiccia (milde italienische Schweinswurst), enthäutet
1/4 l Béchamelsauce (Seite 177)
180 g Mozzarella, gewürfelt
Frisch gemahlener Pfeffer

In einem großen Topf das Wasser zum Kochen bringen und salzen. Den Maisgrieß langsam einstreuen und dabei ständig mit einem Schneebesen schlagen. Einen Deckel auflegen und den Maisbrei bei niedrigster Temperatur in 40 Minuten ausquellen lassen.

Unterdessen die Steinpilze mit Wasser bedecken und etwa 30 Minuten einweichen.

Den Backofen auf 180 °C vorheizen. Eine Form von 23 cm Durchmesser kalt ausspülen und die heiße Polenta einfüllen. Mit einem Messer glatt streichen, dabei gut zusammendrücken und abkühlen lassen.

Die Pilze abgießen, dabei das Wasser auffangen und durchseihen – es kann noch zum Aromatisieren einer anderen Speise verwendet werden. Die Pilze grob hacken. Das Öl in einer großen Pfanne bei mittlerer Temperatur erhitzen. Die Wurst hineingeben, mit einer Gabel zerpflücken und etwa 5 Minuten braten. Aus der Pfanne nehmen und in einer Schüssel mit der Béchamelsauce und den Mozzarellawürfeln gründlich vermischen. Mit Pfeffer abschmecken und zuletzt die Pilze einrühren.

Etwa ein Drittel der Polenta so aus der Form herauslöffeln – wird anschließend wieder benötigt –, daß eine ausreichend große Mulde für die Füllung entsteht. Die Wurstmischung einfüllen und mit der Polenta wieder bedecken. Die Form für etwa 30 Minuten in den Ofen schieben. Das Gericht auf eine vorgewärmte Platte stürzen und heiß servieren.

Timballo di taglierini

Gebackene Taglierini mit Räucherkäse und Tomatensauce

Ein reizvoller Serviervorschlag für schmale Bandnudeln. Manchmal variiere ich mit Mozzarella oder Ziegenfrischkäse und bisweilen füge ich entsteinte Oliven, Sardellen oder gebratene Wurst hinzu.

Für 6 Personen

300 g Mehl
3 große Eier
Salz
4 EL natives Olivenöl extra
1/2 l Tomatensauce (Seite 178)
180 g geräucherte Provola (italienischer Filata-Käse), gewürfelt
1 EL getrockneter Oregano
120 g Parmesan, frisch gerieben
Frisch gemahlener Pfeffer
15 g Butter und
60 g feine Semmelbrösel für die Form

Aus dem Mehl und den Eiern nach dem Grundrezept (Seite 182) den Nudelteig herstellen. Zu einer Stärke von 2 mm ausrollen und in 2 mm breite Streifen – *taglierini* – schneiden. (Alternativ kaufen Sie fertige schmale Bandnudeln.)

Den Backofen auf 180 °C vorheizen. In einem großen Topf reichlich Wasser zum Kochen bringen und salzen. Die *taglierini* eben *al dente* kochen, abseihen und gut abtropfen lassen. Mit dem Öl, der Hälfte der Tomatensauce, den Käsewürfeln, dem Oregano, der Hälfte des Parmesan sowie Salz und Pfeffer nach Geschmack vermischen.

Eine 2-Liter-Ringform buttern und dick mit den Semmelbröseln ausstreuen. Die Nudeln einfüllen und gut zusammendrücken. Etwa 20 Minuten backen, anschließend 5 Minuten ruhen lassen. Auf eine vorgewärmte Platte stürzen, mit der restlichen Tomatensauce übergießen und mit dem übrigen Parmesan bestreuen. Heiß servieren.

Timballo di pomodori e pasta

Gebackene Pasta mit Tomaten, Oliven und Käse

Dieses berühmte neapolitanische Rezept hat mir Jeanne Carola Francesconi verraten, eine namhafte Kochbuchautorin. Nicht nur wegen des Geschmacks, sondern auch aufgrund der Optik waren mir die Komplimente meiner Gäste damit bisher immer gewiss.

Für 6 Personen

Für die Tomaten:
2 kg reife runde Tomaten
Salz
120 g feine Semmelbrösel
2 EL getrockneter Oregano
3 EL natives Olivenöl extra
2 Knoblauchzehen, fein gehackt
Für die Pasta:
Salz
240 g zite oder rigatoni (Nudeln mit einem großen Loch)
480 ml Tomatensauce (Seite 178)
240 g geräucherte Mozzarella oder Provola
(italienischer Filata-Käse), gewürfelt
60 g schwarze Oliven, entsteint und halbiert
3 EL frisch geriebener Parmesan
Frisch gemahlener Pfeffer
Öl für die Form

Den Backofen auf 180 °C vorheizen.

Die Tomaten halbieren und die Samen entfernen. Salzen, mit der Schnittfläche nach unten in ein Sieb setzen und etwa 10 Minuten abtropfen lassen. Die Semmelbrösel mit dem Oregano, dem Öl und dem Knoblauch vermischen. Sechs Tomatenhälften beiseite legen und die übrigen mit der Semmelbröselmischung füllen. Die Tomaten auf ein mit Pergamentpapier ausgelegtes Backblech setzen und etwa 30 Minuten backen.

Unterdessen in einem großen Topf reichlich Wasser zum Kochen bringen und salzen. Die Nudeln etwa 4 Minuten darin kochen. Abseihen, gut abtropfen lassen und mit der kalten Tomatensauce mischen. Die Käsewürfel, die Oliven und den Parmesan untermengen, mit Pfeffer würzen.

Boden und Rand einer Springform von 23 cm Durchmesser und 7,5 cm Höhe mit Öl bestreichen und mit Pergamentpapier abdecken. Die gebackenen Tomaten mit der Füllung nach oben nebeneinander hineinsetzen. Die Nudeln darüber einfüllen, leicht zusammendrücken und die sechs rohen Tomatenhälften mit der Öffnung nach unten darauf setzen. Etwa 40 Minuten backen. Auf eine vorgewärmte Platte stürzen, etwa 20 Minuten ruhen lassen und dann erst die Form abnehmen und sogleich servieren.

Timballo di polenta col cavolo nero

Polenta mit Schwarzkohl und weißen Bohnen

Schwarzkohl ist eine toskanische Spezialität. Seine langen Blätter zeigen ein extrem dunkles Grün und eine starke Äderung, der Geschmack ist kräftig und leicht bitter. Wirsing bietet einen geeigneten Ersatz.

Für 6 Personen

210 g getrocknete Cannellini
600 g Schwarzkohl
90 g Pancetta, gewürfelt
240 ml Hühnerbrühe
Salz und frisch gemahlener Pfeffer
1,9 l Wasser
240 g gelber Maisgrieß (grobe Körnung)

Die Bohnen mit Wasser bedecken und etwa 12 Stunden einweichen. Abgießen, in einem Topf mit frischem Wasser bedecken und einmal aufkochen. Zugedeckt bei niedriger Temperatur in etwa 1½ Stunden weich garen. Abgießen. In der Zwischenzeit den Kohl vom Strunk und den dicken Rippen befreien und die Blätter in feine Streifen schneiden.

Den Speck in einer großen Pfanne bei mittlerer Temperatur in etwa 10 Minuten auslassen, bis er leicht gebräunt ist, dabei gelegentlich mit einem Holzlöffel rühren. Den Kohl zufügen und einige Minuten dünsten, dann die Brühe angießen. Den Kohl zugedeckt bei niedriger Temperatur in etwa 40 Minuten gar schmoren. Die Bohnen untermischen und die überschüssige Feuchtigkeit in der offenen Pfanne verdampfen lassen. Das Gemüse salzen und pfeffern.

Unterdessen in einem großen Topf das Wasser zum Kochen bringen und salzen. Den Maisgrieß langsam einstreuen und dabei ständig mit einem Schneebesen schlagen. Einen Deckel auflegen und den Maisbrei bei geringster Temperatur in 40 Minuten ausquellen lassen.

Eine 1-Liter-Form kalt ausspülen und die heiße Polenta einfüllen. Mit einem Messer glatt streichen und dabei gut zusammendrücken. Einige Minuten ruhen lassen, damit sie sich festigt, und auf eine vorgewärmte Platte stürzen. Die Polenta mit dem Gemüse umlegen und sehr heiß servieren.

Parmigiana di melanzane in forma

Auberginenring mit Tomatensauce

In Abwandlung dieser klassischen, eleganten neapolitanischen Zubereitung verwende ich manchmal die Auberginen nur zum Auskleiden der Form und fülle diese mit übrig gebliebener Pasta wie Penne oder Fettuccine, gemischt mit Tomatensauce und Mozzarella.

Für 6 Personen

6 große, lange Auberginen
Pflanzenöl zum Frittieren
2 EL getrockneter Oregano
Salz und frisch gemahlener Pfeffer
300 g Mozzarella
½ l Tomatensauce (Seite 178)

Die Auberginen von den Enden befreien und längs in Scheiben schneiden. Sie werden nicht gesalzen und entbittert.

In einer großen Pfanne reichlich Öl auf 180 °C erhitzen – die Temperatur ist erreicht, wenn ein Brotwürfel in 1 Minute eine goldbraune Farbe annimmt. Die Auberginen portionsweise in etwa 5 Minuten goldgelb frittieren. Auf Küchenpapier gut abtropfen lassen, mit dem Oregano, Salz und Pfeffer würzen.

Den Backofen auf 180 °C vorheizen. Eine Ringform von 23 cm Durchmesser mit einigen Auberginenscheiben auskleiden. Die Mozzarella in Scheiben schneiden. Die restlichen Auberginen abwechselnd mit der Tomatensauce und dem Käse einschichten, dabei mit einer Lage Auberginen abschließen. Etwa 20 Minuten backen, alle Zutaten sollen durch und durch heiß sein. Etwa 5 Minuten abkühlen und ruhen lassen. Auf eine vorgewärmte Platte stürzen, die Form abheben und sogleich servieren.

Rechte Seite: Gebackene Pasta mit Tomaten, Oliven und Käse (Rezept Seite 125)

Timballo di fagiolini

Grüne-Bohnen-Soufflé

Soufflés dieser Art – auch Flan genannt – sind in Italien sehr beliebt. Nach dem gleichen Prinzip können Sie auch Möhren, Brokkoli, Zucchini, Spinat oder Mangold verarbeiten. Üppiger wird das Ganze, wenn man es mit Fleisch- oder Tomatensauce (Seite 178), zarten Kalbsschnitzeln oder auch Bries serviert.

Für 6 Personen

15 g Butter und
60 g feine Semmelbrösel für die Form
Salz
500 g grüne Bohnen
3 EL natives Olivenöl extra
Frisch gemahlener Pfeffer
1/4 l Béchamelsauce (Seite 177)
60 g Parmesan, frisch gerieben
3 große Eier

Den Backofen auf 180 °C vorheizen. Eine Ringform von 25 cm Durchmesser buttern und mit den Semmelbröseln ausstreuen.

In einem großen Topf reichlich Wasser zum Kochen bringen und salzen. Die Bohnen darin in etwa 10 Minuten gar kochen – die Kochzeit variiert etwas, je nach ihrer Frische. Abgießen und gut abtropfen lassen.

In einer großen Pfanne das Öl bei mittlerer Temperatur erhitzen. Die Bohnen einige Minuten dünsten, mit Pfeffer kräftig würzen und die Béchamelsauce einrühren.

Den Pfanneninhalt mit dem Parmesan und den Eiern im Mixer pürieren. Die Masse in die vorbereitete Form füllen und mit einem Messer glatt streichen. Die Form in einen Bräter setzen, der bis auf halbe Höhe der Form mit Wasser gefüllt wird. Das Soufflé etwa 50 Minuten im Ofen backen. Leicht abkühlen lassen und auf eine vorgewärmte Platte stürzen. In die Mitte eine Sauce nach Wahl geben, etwas davon auch ringsum verteilen. Heiß servieren.

Sformato di broccoli

Brokkolisoufflé

Welches Gemüse Sie auch immer statt des Brokkolis verwenden – ob Spinat, Mangold, Erbsen, Möhren oder grüne Bohnen –, es muss vor dem Trockendünsten in der Pfanne auf jeden Fall blanchiert beziehungsweise gekocht werden.

Für 6 Personen

15 g Butter und
60 g feine Semmelbrösel für die Form
500 g Brokkoliröschen mit Stiel
Salz
300 g fest kochende Kartoffeln, geschält und in feine Streifen geschnitten
3 EL natives Olivenöl extra
60 g Parmesan, frisch gerieben
3 große Eier, verquirlt
Frisch gemahlener Pfeffer

Den Backofen auf 180 °C vorheizen. Eine Ringform von 25 cm Durchmesser buttern und mit den Semmelbröseln ausstreuen.

Die Brokkolistiele schälen und in feine Scheiben schneiden. In einem großen Topf reichlich Wasser zum Kochen bringen und salzen. Die Brokkolistiele und die Kartoffeln hineingeben und, sobald das Wasser erneut sprudelt, die Brokkoliröschen hinzufügen. Alles zusammen 3 Minuten kochen, anschließend abgießen.

Das Öl in einer großen Pfanne bei niedriger Temperatur erhitzen. Die Brokkoli-Kartoffel-Mischung darin dünsten, bis die gesamte Flüssigkeit verdampft ist. Das Gemüse passieren oder im Mixer pürieren. Den Parmesan, die Eier und Pfeffer nach Geschmack hinzufügen und alles gut vermischen.

Die Masse in die vorbereitete Form füllen. Die Form in einen Bräter setzen, der bis auf halbe Höhe der Form mit Wasser gefüllt wird. Das Soufflé etwa 1 Stunde im Ofen backen. Auf eine vorgewärmte Platte stürzen und ziemlich heiß servieren.

Sufflè di polenta e radicchio

Luftiges Polentasoufflé mit Radicchio

Polenta (Maisgrieß) ist in gröberer oder eher feiner Qualität erhältlich. Die gröbere gelbe Variante ist in der Lombardei und im Piemont verbreitet, während die feinere – weiß oder gelb – im Veneto bevorzugt wird. Inzwischen bekommt man Polenta sogar in gut sortierten Supermärkten.

Für 6 Personen

1 l Milch
Salz
240 g gelber Maisgrieß (grobe Körnung)
300 g roter Radicchio
60 g Frühstücksspeck
60 g Butter
120 g Parmesan, frisch gerieben
3 große Eier, getrennt
Frisch gemahlener Pfeffer

Die Milch in einem großen Topf aufkochen und salzen. Den Maisgrieß nach und nach einstreuen und dabei ständig mit einem Schneebesen schlagen. In etwa 40 Minuten bei geringer Hitze ausquellen lassen, dabei ständig mit einem Holzlöffel rühren. Die Polenta vom Herd nehmen und abkühlen lassen.

Inzwischen den Radicchio in feine Streifen schneiden und den Speck fein würfeln.

Den Backofen auf 200 °C vorheizen. Eine Souffléform von 25 cm Durchmesser mit der Hälfte der Butter einfetten und mit der Hälfte des Parmesan ausstreuen.

Den Speck in einer Pfanne bei mittlerer Temperatur goldgelb auslassen, dabei gelegentlich rühren. Den Radicchio zufügen und bei niedriger Temperatur in etwa 5 Minuten weich dünsten. Abkühlen lassen.

Das Eigelb, den restlichen Parmesan und die übrige Butter gründlich unter die Polenta rühren. Den Radicchio und den Speck untermischen. Das Eiweiß zu Schnee schlagen und vorsichtig unter die Polentamasse heben.

Die Masse in die vorbereitete Form füllen und etwa 40 Minuten backen, bis das Soufflé locker aufgegangen und appetitlich gebräunt ist. In der Form sogleich servieren.

Sformato di patate e spinaci

Kartoffel-Spinat-Soufflé

Mit einer Eiersauce als Beilage kredenze ich diesen Auflauf häufig, wenn die Verwandten uns in Coltibuono besuchen. Als *piatto di mezzo* schlägt er die kulinarische Brücke zwischen Suppe und Fleischgang. Auch die Kinder sind hoch zufrieden und für den Rest der Mahlzeit nicht mehr zu vernehmen.

Für 6 Personen

60 g Butter
120 g Parmesan, frisch gerieben
Salz
1 kg mehlig kochende Kartoffeln, ungeschält
1 kg frischer Spinat
3 große Eier
Frisch gemahlener Pfeffer

Den Backofen auf 180 °C vorheizen. Eine Ringform von 27,5 cm Durchmesser mit der Hälfte der Butter dick ausstreichen und mit der Hälfte des Parmesan ausstreuen.

In einem großen Topf reichlich Wasser zum Kochen bringen und salzen. Die Kartoffeln in ungefähr 30 Minuten sehr weich kochen. Noch heiß schälen und durch eine Kartoffelpresse drücken.

Gleichzeitig den Spinat in wenig kochendem Wasser etwa 3 Minuten blanchieren, bis er zusammenfällt. Abgießen, gut ausdrücken und fein hacken. Mit dem Kartoffelpüree vermischen und abkühlen lassen. Die Eier, die restliche Butter, den restlichen Parmesan sowie Salz und Pfeffer nach Geschmack untermischen.

Die Masse in die vorbereitete Form füllen und mit einem Messer glatt streichen. Etwa 50 Minuten backen, die Masse sackt dabei ein wenig zusammen und löst sich vom Rand der Form. Falls sie zu stark bräunt, mit Aluminiumfolie abdecken. Das Soufflé auf eine vorgewärmte Platte stürzen und ziemlich heiß servieren.

Insalate, Carpacci, Terrine

Kalt servierte Antipasti

Frische Salatblätter, angemacht mit bestem Olivenöl und Rotweinessig – so gefällt es seit jeher den Italienern. Allmählich aber setzen sich als Antipasti zunehmend auch Kompositionen durch, in denen die verschiedensten Zutaten vorkommen – und manchmal überhaupt kein Blattsalat.

Bohnen und Speck oder auch rohe Pilze mit Parmesan, angerichtet auf einem Salatbett, gehören zu den Klassikern. Daneben habe ich in dieses Kapitel auch interessante neue Kombinationen aufgenommen, etwa Räucherforelle mit Feigen oder Kichererbsen mit Kaviar. Die Feigen beziehungsweise Kichererbsen liefern die typisch italienische Note, während Räucherforelle und Kaviar einen überraschenden und originellen Touch mitbringen.

Moderneren Datums ist auch das *carpaccio,* das heutzutage in vielerlei Variationen daherkommt. Der »Prototyp« wurde 1950 von Giuseppe Cipriani entwickelt, dem Gründer von *Harry's Bar* in Venedig. Er benannte seine Erfindung nach Vittore Carpaccio, dem berühmten venezianischen Maler, der für seinen ungewöhnlichen Umgang mit Weiß und leuchtendem Rot bekannt war. Eben jene Farben beherrschen auch dieses deliziöse Gericht. Es besteht aus hauchdünn geschnittener roher Rinderlende und Mayonnaise, die mit einer Prise Senfpulver und etwas Worcestershire-Sauce gewürzt und alla Kandinsky, wie Sohn Arrigo Cipriani den gewünschten dekorativen Effekt beschreibt, darauf getupft wird. Ein ähnlicher Genuss aus dem Piemont heisst *carne all'albese.* Wieder besteht die Basis aus rohem Rindfleisch, diesmal jedoch bestreut mit gehobeltem Parmesan und feinen Spänen von weißer Trüffel oder Steinpilzen und beträufelt mit Olivenöl und Zitronensaft. Auch Fisch wird inzwischen gern als *carpaccio* serviert.

So überraschend es klingen mag, sind *terrine* durch und durch italienisch – nicht nur in kulinarischer, sondern auch in sprachlicher Hinsicht. *Terrine* nennt man in Italien die kleinen Terrakottanäpfe, in die man diese Speise füllt. Nach Frankreich gelangte sie vermutlich während der Renaissance, in der sie eine Hochzeit erlebte. Meine Mutter liebte Terrinen und Pasteten und auch ich habe mich schon als sehr junges Mädchen an ihnen versucht. Daher kann ich Ihnen versichern: Man muss kein Meisterkoch sein, um sie zu bereiten. In Italien geht man dabei mit Butter und generell mit Fett sparsamer um als in Frankreich, dafür ist der Fleischanteil höher. Wild ist eine beliebte Zutat und auch Fisch gewinnt bei diesen Delikatessen zunehmend an Bedeutung.

Cmi 20 LA DOMENICA DELL'AGRICOLTORE Cmi 20

La legatura del cespo rende più bianche e più tenere, e quindi maggiormente apprezzate, le foglie della lattuga romana

Insalata di cavolo cappuccio e speck

Krautsalat mit Speck

Friaul ist nicht nur als Weinregion bekannt, sondern auch für seinen Räucherspeck, der vielseitig zu verwenden ist. Ich nehme ihn gern anstelle der traditionellen, für zeitgemäße Gerichte oft zu fetten Pancetta.

Für 6 Personen

300 g Weißkohl
2 Äpfel, zum Beispiel Granny Smith
3 EL Naturjoghurt
3 EL Milch
1 TL Zitronensaft
1 TL Senf
Salz
15 g Butter
300 g Tiroler Speck, in hauchdünnen Scheiben

Den Kohl in sehr feine Streifen schneiden und auf einer Servierplatte anrichten. Die Äpfel schälen, in dünne Scheiben schneiden – dabei das Kerngehäuse entfernen – und auf dem Kohl verteilen.

Joghurt, Milch, Zitronensaft, Senf und eine Prise Salz verrühren. Das Dressing über den Salat gießen und vorsichtig durchmischen.

Die Butter in einer Pfanne bei mittlerer Temperatur zerlassen. Den Speck darin einige Minuten braten, dabei einmal wenden. Abtropfen lassen, auf dem Salat verteilen und diesen sogleich servieren.

Insalata di tacchino all'uva

Truthahnsalat mit Trauben

Wohin mit den Truthahnresten nach dem Erntedankfest oder Weihnachten? Zum Beispiel in diesen Salat, der aber auch gut mit Brathuhn oder Kalbsbraten gelingt.

Für 6 Personen

1 Kopf Winterendivie
1 Kopf Frisée
200 g blaue Trauben
200 g grüne Trauben
2 kleine Birnen
500 g Truthahnbraten, enthäutet und gewürfelt
6 Walnüsse, geschält und gehackt
2 EL Aceto Balsamico
4 EL natives Olivenöl extra
1 Prise frisch geriebener Meerrettich
Salz

Die Salatblätter in mundgerechte Stücke zerpflücken und auf einer Servierplatte anrichten. Die Trauben in heißes Wasser tauchen, kalt abschrecken, enthäuten, halbieren, entkernen und über den Salat verteilen. Die Birnen schälen und würfeln. Mit dem Fleisch und den Nüssen auf dem Salat anrichten.

Essig, Öl, Meerrettich und Salz nach Geschmack verrühren. Das Dressing über den Salat träufeln. Vorsichtig durchmischen und raumtemperiert servieren.

Insalata di mele e finocchio ai capperi

Salat mit Äpfeln, Fenchel und Kaperndressing

Gutes Olivenöl und Rotweinessig sind das A und O des klassischen italienischen Salatdressings. Zur Abwechslung runde ich es auch mit weiteren Zutaten ab.

Für 6 Personen

150 g Weißkohl
90 g roter Radicchio
2 Äpfel (Granny Smith)
1 Hand voll Rucola
2 Knollen Fenchel
1 EL Kapern in Essig, abgetropft
1 EL Rotweinessig
1/2 TL Senfpulver
1 großes Eigelb
1 Hand voll frisch gehackte glatte Petersilie
6 EL natives Olivenöl extra
Salz und frisch gemahlener Pfeffer

Kohl und Radicchio in feine Streifen schneiden. Die Äpfel schälen, in Scheiben schneiden und das Kernhaus entfernen. Die Rucola zerpflücken. Vom Fenchel die äußeren Schuppenblätter entfernen, die Knollen in feine Scheiben schneiden. Diese Zutaten in eine Salatschüssel geben.

Die Kapern, den Essig, das Senfpulver, das Eigelb, die Petersilie, das Öl sowie Salz und Pfeffer nach Geschmack im Mixer zu einem glatten, cremigen Dressing verrühren. Über den Salat träufeln, durchmischen und sogleich servieren.

Insalata di ceci e caviale rosso

Kopfsalat mit Kichererbsen und Kaviar

Kichererbsen haben eine lange Garzeit, doch kann man sie einen Tag im Voraus zubereiten und im Kühlschrank aufbewahren – vor der Verwendung Raumtemperatur annehmen lassen. Matjeshering und Forelle bieten eine gute Alternative zu rotem Kaviar.

Für 6 Personen

300 g getrocknete Kichererbsen
1 kleine Gemüsezwiebel
1 Kopfsalat
Abgeriebene Schale von 1 unbehandelten Zitrone
1 EL Rotweinessig
4 EL natives Olivenöl extra
2 hart gekochte Eier
Salz und frisch gemahlener Pfeffer
120 g roter Kaviar

Die Kichererbsen mit Wasser bedecken und etwa 12 Stunden einweichen, danach abgießen. In einem Topf mit frischem Wasser bedecken und zum Kochen bringen. Bei niedriger Temperatur in etwa 2 1/2 Stunden weich kochen. Abgießen und in einer großen Schüssel völlig abkühlen lassen.

Die Zwiebel in feine Scheiben schneiden, den Salat in mundgerechte Stücke zerpflücken. Beides mit der Zitronenschale, dem Essig, dem Öl sowie Salz und Pfeffer nach Geschmack zu den Kichererbsen geben. Alles gründlich vermischen und auf einer Servierplatte anrichten.

Die Eier schälen, das Weiße vom Gelben trennen. Beides separat durch ein feines Sieb streichen – direkt über den Salat. Mit dem Kaviar garnieren und sogleich servieren.

Insalata di fichi e trota affumicata

Blattsalat mit Feigen und Räucherforelle

Francesco, der kreative Küchenchef der Osteria di Rendola nahe Montevarchi – eines der besten Restaurants in der Toskana –, serviert diesen köstlichen Salat im Herbst.

Für 6 Personen

300 g gemischter Blattsalat, zum Beispiel Feldsalat, Rucola und Kopfsalat
210 g Räucherforellenfilets
1 EL Aceto Balsamico
4 EL natives Olivenöl extra
Salz und frisch gemahlener Pfeffer
6 frische Feigen
30 g Pinienkerne

Den Salat waschen, sorgfältig trocknen, in mundgerechte Stücke zerpflücken und auf eine Servierplatte geben. Die Forellenfilets in Streifen schneiden und auf dem Salat anrichten.

Essig, Öl, Salz und Pfeffer nach Geschmack in einer kleinen Schüssel verrühren und über den Salat träufeln. Gründlich durchmischen. Die Feigen schälen, vierteln und den Salat damit garnieren. Mit den Pinienkernen bestreuen und raumtemperiert servieren.

Insalata di lattuga al caviale

Salat mit Avocado und Kaviar

Knackiger Eisbergsalat ist für dieses Rezept ideal.

Für 6 Personen

200 g Eisbergsalat
1 reife Avocado
150 g Keta-Kaviar oder Seehasenrogen
6 EL saure Sahne
Salz
1 TL Paprikapulver

Den Salat waschen, sorgfältig trocknen und die in Stücke gezupften Blätter auf eine Servierplatte geben. Die Avocado schälen, in Scheiben schneiden und auf dem Salat anrichten. Den Kaviar und die saure Sahne darauf verteilen, den Salat salzen und mit etwas Paprikapulver bestauben. Raumtemperiert servieren.

Insalata autunnale

Herbstsalat

Im Herbst werden überall frische Steinpilze angeboten und die Trauben haben ein besonders intensives Aroma. Zu anderen Jahreszeiten verwenden Sie frische Champignons, die allerdings nicht so kräftig schmecken.

Für 6 Personen

300 g frische Steinpilze
1 reife Avocado
300 g grüne Trauben
1 Hand voll Rucola
120 g Naturjoghurt
2 EL natives Olivenöl extra
Salz
1 TL edelsüßes Paprikapulver

Die Steinpilze abreiben, aber nicht waschen, und in feine Scheiben schneiden. Die Avocado schälen, halbieren, den Stein auslösen und das Fruchtfleisch in Scheiben schneiden. Die Trauben enthäuten, halbieren und entkernen.

Die Rucola auf einer Servierplatte ausbreiten. Steinpilze, Avocado und Trauben darauf anrichten. Den Joghurt mit dem Öl und etwas Salz verrühren, über den Salat verteilen und mit dem Paprikapulver bestauben. Den Salat sogleich servieren.

Rechte Seite: Blattsalat mit Feigen und Räucherforelle

Insalata di pollo all'uvetta

Kopfsalat mit Hühnchenroulade

Wenn Sie das Fleisch warm auf dem Salat anrichten, muss dieser sogleich serviert werden, da er sonst zusammenfällt. Allerdings mundet die Komposition auch kalt vorzüglich. Sie ist eine Spezialität meiner Freundin Pinky Banfield, die manchmal nach einem Opernabend in der Scala ein paar Freunde zu sich bittet. Für einen solchen Anlass ist dieser Salat ideal, da alles vorbereitet werden kann.

Für 6 Personen

150 g Ricotta (italienischer Frischkäse)
3 EL Rosinen, etwa 30 Minuten
in Wasser eingeweicht und abgetropft
3 EL Pinienkerne
2 große Eigelb
Salz und frisch gemahlener Pfeffer
1 ganze Hühnerbrust
(die beiden Hälften noch zusammenhängend)
15 g Butter
3 EL natives Olivenöl extra
300 g Kopfsalat
1 EL Rotweinessig

Ricotta, Rosinen, Pinienkerne und Eigelb in einer Schüssel vermischen, nach Geschmack salzen und pfeffern. Die Hühnerbrust mit der Mischung bestreichen, aufrollen und mit Küchengarn fest umwickeln.

In einer großen Pfanne die Butter mit 1 Esslöffel Öl bei mittlerer Temperatur zerlassen. Die Roulade in etwa 10 Minuten rundum goldbraun anbraten. Etwas Wasser hinzugießen und zugedeckt etwa 20 Minuten schmoren. Die Roulade aus der Pfanne nehmen und abkühlen lassen.

Den Salat in kleine Stücke zerpflücken und auf einer Servierplatte ausbreiten. Das restliche Öl mit dem Essig und Salz nach Geschmack verrühren und über den Salat träufeln. Die Roulade – das Garn entfernt – in feine Scheiben schneiden und auf dem Salat anrichten. Servieren.

Insalata di fagioli e pancetta

Bohnensalat mit Pancetta

Am liebsten bereite ich diesen Salat mit den bräunlichen Borlotti-Bohnen zu, einer typisch italienischen Sorte mit roten Sprenkeln, doch eignen sich auch die weißen Cannellini. Räucherspeck anstelle der Pancetta verleiht der Komposition eine besonders deftige Note.

Für 6 Personen

300 g getrocknete Borlotti-Bohnen
200 g Pancetta, gewürfelt
1 große Zwiebel, in feine Scheiben geschnitten
1 Rosmarinzweig
4 EL Rotweinessig
Salz
Frisch gemahlener Pfeffer
3 EL natives Olivenöl extra

Die Bohnen über Nacht in Wasser einweichen. Abgießen, in einem Topf mit frischem Wasser bedecken, langsam zum Kochen bringen und bei niedriger Temperatur in etwa 2 Stunden weich kochen. Abgießen und warm stellen.

In einer Pfanne den Speck mit der Zwiebel bei mittlerer Temperatur etwa 10 Minuten braten, bis er goldbraun und knusprig ist, dabei häufig rühren. Den Rosmarin dazugeben, das Fett abgießen und den Essig einrühren. Einige Minuten kochen lassen, bis die gesamte Flüssigkeit verdampft ist, zuletzt salzen.

Die Bohnen und den Speck auf eine Servierplatte geben. Pfeffern und mit dem Olivenöl beträufeln. Nach Belieben warm bis raumtemperiert servieren.

Insalata di gamberi e asparagi

Feldsalat mit Garnelen und Spargel

Feldsalat ist in diesem Fall besonders geeignet, doch bietet beispielsweise Eichblattsalat einen guten Ersatz. Das Rezept stammt aus einem der besten Fischrestaurants in Italien, Antonio in Castelnuovo Berardenga. Hier werden nur fangfrische Meeresfrüchte, bestes Olivenöl und knackiges Gemüse verarbeitet, gewürzt mit einer innigen Liebe zum Kochen. Ich gehe mindestens einmal im Monat hier zum Essen.

Für 6 Personen

300 g Spargelspitzen
300 g rohe Garnelen, geschält, der Darm entfernt
200 g Feldsalat
Salz und frisch gemahlener Pfeffer
1 TL Zitronensaft
3 EL natives Olivenöl extra
Abgeriebene Schale von 1 unbehandelten Zitrone

In zwei Töpfen Wasser zum Kochen bringen. Spargelspitzen und Garnelen separat nur wenige Minuten kochen. Abgießen und lauwarm abkühlen lassen.

Den Feldsalat waschen und auf einer Servierplatte ausbreiten. Die Spargelspitzen und die Garnelen darauf anrichten. Salzen und pfeffern, mit dem Zitronensaft und dem Öl beträufeln und zuletzt mit der Zitronenschale bestreuen. Servieren.

Insalata al cocco

Bunter Salat mit Kokosflocken

Anstelle von Zucchini und Möhren passen auch Fenchel, Stangensellerie und rote oder gelbe Paprikaschoten gut zu diesem sehr erfrischenden Salat. Kokosflocken verleihen ihm eine aparte Note. Man bekommt sie in jedem größeren Supermarkt.

Für 6 Personen

2 Zucchini
2 Möhren
300 g Weißkohl oder Wirsing
1 Knoblauchzehe
1 Hand voll Rucola
6 Radieschen
Salz
1 EL Rotweinessig
4 EL natives Olivenöl extra
3 EL Kokosflocken

Die Zucchini und Möhren fein raspeln, den Kohl in feine Streifen schneiden. Den Knoblauch hacken, die Rucola fein zerpflücken, die Radieschen in Scheiben schneiden. Alles in eine Salatschüssel geben.

Etwas Salz in dem Essig verrühren und den Salat erst damit, dann mit dem Öl beträufeln. Gründlich durchmischen, mit den Kokosflocken bestreuen und möglichst bald servieren.

Insalata di carpaccio

Tatar auf Piemonteser Art

Diese typisch Piemonteser Zubereitung ist in diversen Abwandlungen bekannt. Eigelb macht das Tatar schön geschmeidig, ist aber nicht unbedingt erforderlich. In Essig oder Öl eingelegtes Gemüse bekommt man in italienischen Delikatessengeschäften und gut sortierten Supermärkten. Sie können es nach den Rezepten in Teil IV auch selbst zubereiten.

Für 6 Personen

60 g bestes mageres Rindfleisch, zum Beispiel Filet, Roastbeef oder Nuss
2 Knoblauchzehen
60 g Essiggurken, abgetropft
60 g Kapern in Essig oder Öl, abgetropft
3 Sardellenfilets in Öl, abgetropft
1 Hand voll frische glatte Petersilie
1 Stange Bleichsellerie
Saft von 2 Zitronen
3 Eigelb
4 EL natives Olivenöl extra
Salz und frisch gemahlener Pfeffer
300 g Rucola

Das Fleisch mit einem scharfen Messer schaben oder sehr fein hacken. Knoblauch, Gurken, Kapern, Sardellen, Petersilie und Sellerie ebenfalls hacken.

Das Fleisch in einer Schüssel mit den gehackten Zutaten vermengen. Den Zitronensaft, das Eigelb, das Olivenöl sowie Salz und Pfeffer nach Geschmack hinzufügen und alles gut vermischen. Aus der Masse sechs Taler formen.

Eine Servierplatte mit der Rucola auslegen und die Tatarportionen darauf anrichten. Sogleich servieren.

Carpaccio di pesce al rafano

Fisch-Carpaccio mit Meerrettichmayonnaise

Exzellent passt diese Mayonnaise auch zu gekochten Kartoffeln, Zucchini oder Möhren, gegrilltem rotem Radicchio oder pochiertem Fisch wie Lachs oder Kabeljau.

Für 6 Personen

1 großes Ei plus 1 Eigelb
120 ml natives Olivenöl extra
1 EL frisch geriebener Meerrettich
1 Sardellenfilet in Öl, abgetropft
Saft von 1/2 Zitrone
1 Knoblauchzehe
Salz und frisch gemahlener Pfeffer
600 g festfleischiger Fisch wie Thunfisch, Lachs oder Schwertfisch

Ei und Eigelb im Mixer verquirlen. Bei laufendem Gerät das Öl in dünnem Strahl zulaufen lassen – im Nu ist die Mayonnaise fertig. Meerrettich, Sardelle, Zitronensaft und Knoblauch hinzufügen und weiter mixen, bis eine glatte Creme entstanden ist. Mit Salz und Pfeffer abschmecken und in eine kleinere Servierschüssel füllen.

Den Fisch in hauchdünne Scheiben schneiden und auf einer Servierplatte anrichten. Dazu wird er am besten kurz ins Tiefkühlfach gelegt und anschließend mit einem stabilen, scharfen Messer oder auf der Maschine aufgeschnitten. Die Meerrettichmayonnaise dazu reichen.

Carpaccio di pesce al finocchio e balsamico

Fisch-Carpaccio mit Fenchel und Balsamico

Seeteufel ist aufgrund seines festen Fleisches für dieses Rezept gut geeignet; er ist delikat und schmackhaft zugleich. Empfehlenswert sind aber auch Seezungen- oder Lachsfilet.

Für 6 Personen

500 g frischer Seeteufel
150 g gemischte grüne Salate, zum Beispiel Feldsalat und Romana
3 EL Aceto Balsamico
3 EL natives Olivenöl extra
Salz und frisch gemahlener Pfeffer
1 Knolle Fenchel

Den Fisch kurz ins Gefrierfach legen und anschließend in hauchdünne Scheiben schneiden. Den Salat in mundgerechte Stücke zerpflücken und auf eine Servierplatte geben. Den Fisch darauf anrichten. Mit Essig und Öl beträufeln, salzen und pfeffern.

Vom Fenchel die äußeren Schuppenblätter entfernen, das fedrige Grün abschneiden und beiseite legen. Die Knolle halbieren und in sehr feine Scheiben schneiden. Über den Fisch verteilen und mit dem Grün garnieren. Raumtemperiert servieren.

Carpaccio al finocchio e fave

Carpaccio mit Fenchel und Dicken Bohnen

Fleisch lässt sich nur dann wirklich hauchdünn schneiden, wenn man es zuvor etwa 1 Stunde in das Gefrierfach legt. Zum Aufschneiden ist ein stabiles, scharfes Messer unerlässlich. Besonders gleichmäßig gelingen die dünnen Scheiben auf der Aufschnittmaschine.

Für 6 Personen

500 g bestes mageres Rindfleisch, zum Beispiel Filet, Roastbeef oder Nuss
2 Knollen Fenchel
1 kg junge Dicke Bohnen
Saft und abgeriebene Schale von 1 unbehandelten Zitrone
Salz und frisch gemahlener Pfeffer
6 EL natives Olivenöl extra

Das Fleisch in hauchdünne Scheiben schneiden und leicht gewellt auf einer Servierplatte anrichten.

Vom Fenchel die äußeren Schuppenblätter entfernen, die Knollen von oben nach unten ebenfalls in sehr feine Scheiben schneiden. Die Bohnen aushülsen und, falls sie bitter schmecken, die Kerne enthäuten. In diesem Fall die doppelte Menge kaufen.

Den Fenchel auf dem Fleisch verteilen und mit den Bohnen umlegen. Das Ganze mit dem Zitronensaft beträufeln, mit der Zitrusschale bestreuen, salzen und pfeffern. Zuletzt das Olivenöl darüber gießen. Raumtemperiert servieren.

Pecorino al pepe e olio

Pecorino mit Pfeffer und Öl

Im Frühjahr, wenn es den jungen, milden Pecorino gibt und das erst wenige Monate alte Olivenöl noch seine leicht beißende Note besitzt, steht diese Delikatesse häufig auf der Speisekarte des Restaurants von Coltibuono. Zu zarten Dicke-Bohnen-Kernen ist sie geradezu ein Muss.

Für 6 Personen

300 g junger Pecorino toscano oder sardo, entrindet
6 EL natives Olivenöl extra
Frisch gemahlener Pfeffer

Den Käse in mundgerechte Würfel schneiden. Auf einer Servierplatte anrichten, mit dem Öl beträufeln und Pfeffer möglichst grob darüber mahlen. Etwa 1 Stunde ruhen lassen und vor dem Servieren mit Cocktailspießchen versehen.

Pecorino al finocchio

Pecorino mit Fenchel

Am besten eignet sich ein mittelalter Pecorino toscano. Pecorino sardo ist auch zu empfehlen, er ist allerdings etwas kräftiger und salziger. Häufig nicht so gut in der Qualität ist hingegen Pecorino romano.

Für 6 Personen

6 Scheiben Pecorino, entrindet
2 EL Fenchelsamen
6 EL natives Olivenöl extra
Frisch gemahlener Pfeffer
6 Blüten von wildem Fenchel (falls erhältlich), ersatzweise etwas Grün von Fenchelknollen

Die Käsescheiben auf einzelne Teller verteilen. Die Fenchelsamen im Mörser fein zerstoßen und den Käse damit bestreuen. Mit dem Öl beträufeln und pfeffern. Mit den Fenchelblüten oder dem Fenchelgrün garnieren und servieren.

Moscardini al sedano

Tintenfischchen mit Sellerie

Für dieses Rezept werden kleine, ganz zarte Tintenfische benötigt: Sie sollten nur etwa 2½ cm lang sein. So werden sie bei Rosetta serviert, meinem Lieblingsrestaurant am Pantheon in Rom. Ersatzweise verwenden Sie Garnelen.

Für 6 Personen

600 g kleine Tintenfische (Octopodi oder Kalmare), küchenfertig vorbereitet
1 kleine Zwiebel
1 Möhre
1 Stange Bleichsellerie
2 hart gekochte Eier, geschält
1 Knolle Sellerie
Saft von ½ Zitrone
1 Granatapfel
Salz und frisch gemahlener Pfeffer
4 EL natives Olivenöl extra
2 EL frische Schnittlauchröllchen oder gehackte glatte Petersilie

Die Tintenfische waschen. In einem Topf Wasser zum Kochen bringen. Zwiebel, Möhre und Bleichsellerie hineingeben und etwa 30 Minuten köcheln lassen. Das Gemüse herausnehmen und wegwerfen. Die Tintenfische in den Sud geben und nur einige Minuten sanft köcheln lassen, bis sie weich sind. Abgießen und auf Raumtemperatur abkühlen lassen.

Das Gelbe und Weiße der Eier separat hacken. Die Sellerieknolle schälen, fein raspeln und mit dem Zitronensaft beträufeln. Den Granatapfel öffnen und die Fruchtkerne herauslösen.

Die Tintenfische mit dem Sellerie, den gehackten Eiern und den Granatapfelkernen mischen und auf einer Platte anrichten. Salzen und pfeffern. Mit dem Öl beträufeln und vorsichtig durchmischen. Mit dem Schnittlauch bestreuen und sogleich servieren.

Rechte Seite: Pecorino mit Pfeffer und Öl

Terrina di fegatini e pane

Hühnerleberterrine

Zu dieser toskanischen Spezialität kredenze ich gern einen Vin Santo. Der ebenfalls toskanische Dessertwein harmoniert auch exzellent mit verschiedenen anderen Vorspeisen sowie mit Käse.

Für 6 Personen

300 g italienisches Weißbrot, entrindet
1/2 l Milch
45 g Butter
6 große Lorbeerblätter, möglichst frische
500 g Hühnerlebern, küchenfertig vorbereitet
Salz und frisch gemahlener Pfeffer
3 Eier
60 ml Vin Santo

Das Brot in einer Schüssel mit der Milch übergießen und etwa 30 Minuten ruhen lassen, dabei mehrmals durchmischen.

Den Backofen auf 180 °C vorheizen. Eine rechteckige Terrinenform von 23 cm Länge mit 15 g Butter ausstreichen. Die Lorbeerblätter auf dem Boden der Form verteilen und diese beiseite stellen.

Die restliche Butter in einer Pfanne bei mittlerer Temperatur zerlassen. Die Hühnerleber darin unter gelegentlichem Rühren etwa 5 Minuten braten, zuletzt salzen und pfeffern. In den Mixer füllen und cremig pürieren. Das Brot ausdrücken und in einer Schüssel mit der Hühnerleber, den Eiern und dem Vin Santo gründlich verrühren.

Die Farce in die Form füllen. Den Deckel auflegen und die Form in einen Bräter setzen, der bis auf halbe Höhe der Form mit Wasser gefüllt wird. Die Pastete 1 Stunde im Ofen backen – das Wasser soll dabei eine Temperatur von 80 °C haben. Leicht auskühlen lassen und dann auf eine Platte stürzen. Vor dem Servieren auf Raumtemperatur abkühlen lassen.

Terrina di gamberi al dragoncello

Garnelenterrine mit Estragon

Vor allem im Winter ist Estragon nicht so leicht zu bekommen. Besorgen Sie sich eine größere Menge, wenn er günstig angeboten wird, und frieren Sie ihn bereits gehackt in Plastikbeuteln ein. Eine ideale Ergänzung zu Fisch, Erbsen, Zucchini und gebratenem Kalbsschnitzel.

Für 6 Personen

600 g rohe Garnelen, ausgelöst und der Darm entfernt
200 g Ricotta (italienischer Frischkäse)
4 EL natives Olivenöl extra
2 EL Zitronensaft
3 EL gehackter frischer Estragon
Salz und frisch gemahlener Pfeffer

In einem großen Topf reichlich Wasser zum Kochen bringen. Die Garnelen darin kochen, bis sie sich rosa färben – dies dauert etwa 2 Minuten, doch schwankt die Zeit je nach ihrer Größe. Abgießen und abkühlen lassen. Anschließend mit der Ricotta, 3 Esslöffeln Öl, dem Zitronensaft, dem Estragon sowie Salz und Pfeffer nach Geschmack in den Mixer füllen und zu einer glatten Farce pürieren.

Mit dem restlichen Öl eine rechteckige Terrinenform von 23 cm Länge ausstreichen und die Garnelenfarce einfüllen. Abkühlen lassen und 24 Stunden kalt stellen. Vor dem Servieren mit einer abgerundeten Messerklinge am Innenrand der Form entlang fahren, die Terrine auf eine Platte stürzen, Raumtemperatur annehmen lassen und zu Tisch bringen.

Terrina di coniglio

Kaninchenterrine

Mit einem guten Mixer ist die Herstellung von Terrinen kinderleicht. Wichtig ist jedoch, dass die Hauptzutaten und würzenden Ingredienzen richtig bemessen sind. Und sparen Sie bei der Butter, um eine lockere, leichte Konsistenz zu bewahren.

Für 6 Personen

200 g Pancetta, in hauchdünnen Scheiben
300 g Kaninchenfleisch, ohne Knochen
300 g mageres Schweinefleisch
180 g Ricotta (italienischer Frischkäse)
1 großes Ei
1 EL Wacholderbeeren
60 g Butter
Salz und frisch gemahlener Pfeffer

Den Backofen auf 180 °C vorheizen. Eine rechteckige Terrinenform von 25 cm Länge so mit den Speckscheiben auslegen, dass sie sich leicht überlappen und einige Zentimeter über den oberen Formrand nach außen hängen.

Das gesamte Fleisch, die Ricotta, das Ei, die Wacholderbeeren, die Butter sowie Salz und Pfeffer nach Geschmack in den Mixer füllen und zu einer glatten Farce pürieren. In die Form füllen, die überhängenden Speckscheiben nach innen über die Farce schlagen und mit den – wieder leicht überlappenden – restlichen Speckscheiben abdecken. Die Form mit Alufolie fest verschließen und in einen Bräter setzen, der bis auf halbe Höhe der Form mit Wasser gefüllt wird. Die Terrine etwa 1½ Stunden im Ofen backen, dabei soll das Wasserbad ständig eine Temperatur von 80 °C haben.

Die Terrine etwa 2 Stunden völlig abkühlen lassen. Dafür die Folie entfernen, ein Brettchen auflegen und mit einem 250-g-Gewicht beschweren – so lässt sie sich später leichter schneiden. Auf eine Platte stürzen, in Scheiben schneiden und servieren.

Pomodori ripieni ai gamberi e fagioli

Tomaten mit Garnelen-Bohnen-Füllung

Im Mixer ist der Pesto (Basilikumsauce) im Nu hergestellt – und entschieden besser als ein Fertigprodukt. Ich verdünne ihn gern mit etwas Wasser, was seinen Geschmack feiner macht.

Für 6 Personen

6 große Tomaten
Salz
90 g getrocknete Bohnenkerne, zum Beispiel Cannellini, über Nacht eingeweicht
2 EL plus 120 ml natives Olivenöl extra
210 g rohe Garnelen, ausgelöst und der Darm entfernt
2 Hand voll Basilikumblätter
2 Knoblauchzehen
2 EL Pinienkerne
2 EL frisch geriebener Pecorino
2 EL frisch geriebener Parmesan
Frisch gemahlener Pfeffer
120 ml Wasser

Von den Tomaten oben einen Deckel abschneiden und die Früchte aushöhlen. Innen salzen und umgedreht in einem Sieb einige Stunden abtropfen lassen. Unterdessen die Bohnen, mit Wasser bedeckt, zum Kochen bringen und zugedeckt in etwa 1½ Stunden bei niedriger Temperatur weich kochen. Abgießen und abkühlen lassen.

In einer Pfanne 2 Esslöffel Öl bei mittlerer Temperatur erhitzen und die Garnelen darin etwa 2 Minuten braten, bis sie sich rosa färben. Vom Herd nehmen und abkühlen lassen.

Das restliche Öl mit dem Basilikum, dem Knoblauch, den Pinienkernen, den beiden Käsesorten sowie etwas Salz und Pfeffer in den Mixer füllen und zu einer glatten Paste pürieren. Das Wasser hinzugießen und noch einige Sekunden mixen.

Die Bohnen, die Garnelen und die Basilikumsauce vermischen. Die Tomaten damit füllen, auf einer Platte anrichten und servieren.

Arance ai datteri e cipolle

Orangen mit Datteln und Zwiebeln

Die sizilianische Küche kennt zahlreiche süß-pikante Zubereitungen. Die nachfolgende mag ich besonders. Zur Abwechslung verwenden Sie anstelle der Datteln schwarze Oliven oder Granatapfelkerne.

Für 6 Personen

6 Orangen
18 Datteln
2 weiße Zwiebeln
4 EL natives Olivenöl extra

Die Orangen schälen – auch die weiße Schale sorgfältig entfernen – und mit einem scharfen Messer längs in Spalten oder quer in Scheiben schneiden. Die Datteln entsteinen. Die Zwiebeln schälen und in sehr feine Scheiben schneiden.

Die Orangen und Datteln auf einer Platte anrichten, mit den Zwiebeln belegen und das Ganze mit dem Öl beträufeln. Sogleich servieren.

Rucola in insalata con pere e parmigiano

Rucolasalat mit Birnen und Parmesan

Salate sollten möglichst in letzter Minute zubereitet werden, umso mehr, wenn sie wie in diesem Fall aus rohen Zutaten bestehen. Bewahren Sie einen solchen Salat nie im Kühlschrank auf und servieren Sie ihn unbedingt mit Raumtemperatur.

Für 6 Personen

200 g Rucola
3 nicht zu reife Birnen
Saft von 1 Zitrone
200 g Parmesan
Salz und frisch gemahlener Pfeffer
4 EL natives Olivenöl extra

Die Rucola waschen, trocknen, fein zerpflücken und in eine Salatschüssel geben. Die Birnen schälen, längs halbieren, das Kerngehäuse entfernen und das Fruchtfleisch in feine Scheiben schneiden. Mit dem Zitronensaft beträufeln und zur Rucola geben. Den Parmesan in hauchfeine Scheibchen hobeln und einen Teil über die Birnen streuen. Den Salat salzen und pfeffern, mit dem Öl beträufeln und vorsichtig durchmischen. Mit dem restlichen Parmesan bestreuen und sogleich servieren.

Mele alla crema di gorgonzola

Äpfel mit Gorgonzolacreme

Es müssen nicht immer Weintrauben sein, denn auch säuerliche Äpfel bilden einen reizvollen Kontrapunkt zum pikanten Käse. Je nach Geschmack kann für dieses Rezept der würzige bis kräftige Gorgonzola piccante oder der milde Gorgonzola dolce gewählt werden. Seine Frische erkennt man an der hellen Farbe und dem dezenten Duft.

Für 6 Personen

6 Äpfel, zum Beispiel Granny Smith
Saft von 1 Zitrone
200 g sehr frischer Gorgonzola
120 ml Sahne
6 Walnüsse, geschält und gehackt

Die Äpfel schälen, halbieren, vom Kerngehäuse befreien und in Scheiben schneiden. Mit dem Zitronensaft beträufeln, damit sie sich nicht dunkel verfärben, und auf einer Servierplatte anrichten.

Den Gorgonzola mit der Sahne in einem Topf bei niedriger Temperatur schmelzen, dabei häufig mit einem Holzlöffel rühren. Abkühlen lassen. Die Äpfel mit der Gorgonzolacreme überziehen und mit den Walnüssen bestreuen. Sogleich servieren.

Rechte Seite: Orangen mit Datteln und Zwiebeln

Insalata di finocchio agli agrumi

Fenchelsalat mit Orangen und Grapefruits

Wer die süßlich-saure Kombination von Fenchel und Zitrusfrüchten nicht mag, ersetzt letztere durch fein gehobelten Parmesan oder geriebene Fontina.

Für 6 Personen

6 Knollen Fenchel
1 Orange
1 Grapefruit
Salz und frisch gemahlener Pfeffer
4 EL natives Olivenöl extra

Vom Fenchel die äußeren Schuppenblätter entfernen. Die Knollen halbieren, gründlich abspülen, mit Küchenpapier abtrocknen und längs in feine Scheiben schneiden. Die Zitrusfrüchte schälen – auch die weiße Haut sorgfältig entfernen – und in Spalten schneiden oder filetieren.

Den Fenchel auf einer Platte salzen und pfeffern, mit dem Öl beträufeln und vorsichtig durchmischen. Die Orangen- und Grapefruitspalten darauf anrichten und den Salat sogleich servieren.

Insalata di arance e pompelmi alla maionese

Orangen-Grapefruit-Salat mit Mayonnaise

Sehr ansprechend sieht es aus, wenn das Fruchtfleisch der Zitrusfrüche gewürfelt und in den Schalenhälften der Grapefruits angerichtet wird. Nachfolgend hingegen die traditionelle, aber nicht minder attraktive Präsentation.

Für 6 Personen

3 Orangen (möglichst Blutorangen)
3 Grapefruits
240 ml Mayonnaise (Seite 177), alternativ ein Fertigprodukt
4 EL Milch
6 schwarze Oliven, halbiert und entsteint
3 Frühlingszwiebeln, in feine Scheiben geschnitten
1 Hand voll frische Minzeblätter

Die Orangen und Grapefruits bis auf das Fleisch schälen – also auch die weiße Haut sorgfältig entfernen – und in Scheiben schneiden. Überlappend auf einer Servierplatte anrichten und dabei die Sorten abwechseln.

Die Mayonnaise mit der Milch verrühren und über die Früchte gießen. Mit den Oliven und Zwiebeln garnieren und mit der Minze bestreuen. Raumtemperiert servieren.

Tartara alla rucola

Tatar mit Rucola

Drehen Sie das Fleisch möglichst nicht durch den Fleischwolf, sondern schaben oder hacken Sie es mit einem Messer. Der kleine Mehraufwand macht sich geschmacklich bezahlt.

Für 6 Personen

600 g Rinderfilet oder Nuss
300 g Rucola
Saft von 2 Zitronen
6 Sardellenfilets in Öl, abgetropft und gehackt
1 EL Worcestershire-Sauce
3 EL grüne Pfefferkörner
3 EL natives Olivenöl extra
Salz
6 große Eigelb

Das Fleisch und die Rucola separat fein hacken. Das Fleisch in einer Schüssel mit einem Drittel der Rucola, dem Zitronensaft, den Sardellen, der Worcestershire-Sauce, den Pfefferkörnern, dem Olivenöl und Salz nach Geschmack gut vermengen.

Aus der Masse sechs gleich große Kugeln formen und in die Mitte jeweils eine Vertiefung drücken. Die Fleischbälle auf einzelnen Tellern anrichten und in die Höhlung jeweils ein Eigelb geben, die restliche Rucola ringsum verteilen. Sogleich servieren.

Rechte Seite: Fenchelsalat mit Orangen und Grapefruits

Fichi con formaggio di capra

Frische Feigen mit Ziegenkäse

Äußerst dekorativ sind in diesem Fall blaue Feigen. Sie werden nicht geschält. Ein Tip für weiche Früchte: Sie lassen sich leichter halbieren, wenn man sie zuvor 2 Stunden kalt stellt.

Für 6 Personen

18 blaue Feigen
200 g mittelalter Ziegenkäse
200 g Brunnenkresse, Rucola oder Feldsalat
4 EL natives Olivenöl extra
Salz
frisch gemahlener Pfeffer
3 EL Pinienkerne

Die Feigen längs halbieren und auf einer Servierplatte anrichten. Den Ziegenkäse zerkrümeln und darauf verteilen. Den Salat waschen, trocknen und um die Feigen legen.

Das Öl mit Salz und Pfeffer nach Geschmack verrühren, über die Feigen und den Salat träufeln. Mit den Pinienkernen bestreuen und sogleich servieren.

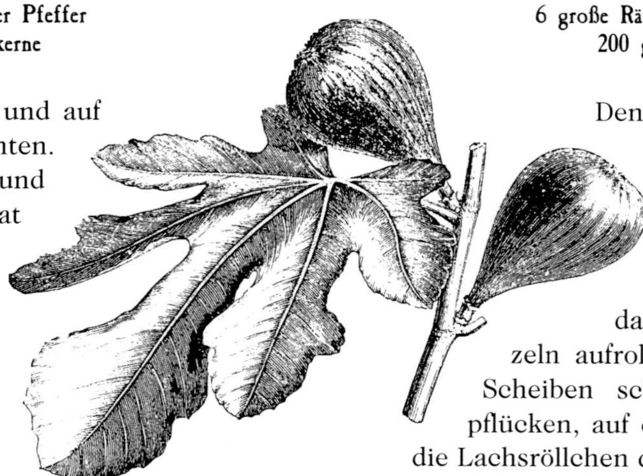

Rotolini di salmone ai caprini

Lachsröllchen mit Ziegenkäse

Als Ersatz für den Ziegenkäse bietet sich Ricotta an, die jedoch weniger aromatisch ist. Für eine elegantere Version mische ich manchmal einige Löffel Keta-Kaviar oder Seehasenrogen in die Füllung.

Für 6 Personen

200 g Ziegenfrischkäse
1 EL frisch geriebener Meerrettich
1 EL Zitronensaft
2 EL natives Olivenöl extra
2 EL Sahne
1 EL fein gehackte Zwiebel
6 große Räucherlachsscheiben
200 g Kopfsalat

Den Käse mit dem Meerrettich, dem Zitronensaft, dem Öl, der Sahne und der Zwiebel zu einer geschmeidigen Creme verarbeiten. Die Lachsscheiben damit bestreichen und einzeln aufrollen. Jede Roulade in drei Scheiben schneiden. Den Salat zerpflücken, auf einer Platte anrichten und die Lachsröllchen darauf verteilen. Raumtemperiert servieren, auf keinen Fall kalt.

Pesci, Verdure, Pollame

Raffinierte warme Antipasti

In der kälteren Jahreszeit wissen Ihre Gäste es bestimmt zu schätzen, wenn sie zur Einstimmung auf eine Party einen warmen oder sogar heißen Antipasto bekommen. Dieses Kapitel enthält eine Rezeptauswahl, die das gesamte Spektrum von elegant bis rustikal abdeckt. Die Speisen werden am Tisch serviert.

Warme Zubereitungen mit Fisch – *pesci* –, aber auch mit Meeresfrüchten gehören noch nicht lange zum klassischen Vorspeisenrepertoire, stellen aber fraglos eine wertvolle Bereicherung dar. Was macht ihren großen Erfolg als Auftakt eines Menüs aus? Zum einen ist infolge des wachsenden Ernährungsbewusstseins der Fleischkonsum in letzter Zeit merklich zurückgegangen. Damit hat sich eine Lücke aufgetan, die von einfallsreichen Köchen mit neuartigen Kreationen ausgefüllt wird. Zudem sind inzwischen dank moderner Tiefkühl- und Verpackungstechniken auch so manche exotischen Fische und Meeresfrüchte bei uns erhältlich. Wir sind neugierig geworden auf bislang unbekannte Gaumenfreuden, egal ob wir bei Freunden zum Essen eingeladen sind oder in ein Restaurant gehen. Und Fisch oder Meeresfrüchte vermögen, oft mit nur einer weiteren Hauptzutat kombiniert und warm serviert, unsere gestiegenen Ansprüche vollauf zu befriedigen.

Voll im Trend der heißen Antipasti liegt auch Geflügel – *pollame* –, das einerseits leicht und andererseits delikat ist. Besonders schmackhaft sind Hühner aus der Toskana. Es lohnt sich, etwas mehr Zeit und Geld zu investieren, um ein Freilandhuhn zu erstehen. Tiere aus Batteriehaltung sind ohne besonderes Aroma und brauchen deshalb ein intensives »Gewürzdoping«, um das Fleisch auch nur annähernd zu kulinarischen Ehren zu bringen.

Meine persönlichen Favoriten unter den warmen Antipasti sind die *verdure*-Zubereitungen, also Gemüse. Sie setzen einerseits frische und farbenfrohe Akzente und erfordern andererseits meist wenig Zeit und Mühe. Ich habe das Glück, in Coltibuono über einen großen Garten zu verfügen. Natürlich sind Gemüse und Kräuter aus der eigenen Zucht unübertrefflich. Glücklicherweise aber bieten auch viele Händler und Märkte inzwischen Produkte in erstaunlich guter Qualität und Vielfalt.

Capesante alla verza

Jakobsmuscheln mit Wirsing

Wirsing, hübsch in Form gebracht, und gebratene Jakobsmuscheln mit ihrem delikaten Corail gehen hier eine ungewöhnliche Verbindung ein.

Für 6 Personen

300 g Wirsing
Salz
36 Jakobsmuscheln mit ihrem Corail (Rogen)
6 EL natives Olivenöl extra
3 Knoblauchzehen, gehackt
Abgeriebene Schale und Saft von 1 unbehandelten Zitrone
Frisch gemahlener Pfeffer

Den Wirsing in feine Streifen schneiden. In einem großen Topf Wasser zum Kochen bringen und salzen. Den Wirsing einige Minuten blanchieren und abgießen, dabei das Kochwasser auffangen.

Die Muscheln öffnen, das helle Fleisch (Nüsschen) und den Corail von dem grauen Rand befreien und dann voneinander trennen. Die Nüsschen 1 Minute im Wirsingwasser garen, danach abgießen.

In einem großen Topf die Hälfte des Öls mit dem Knoblauch bei mittlerer Temperatur erhitzen. Den Wirsing einige Minuten darin dünsten. Die Zitronenschale einrühren und das Gemüse zugedeckt bei niedriger Temperatur weitere 20 Minuten garen. Vom Herd nehmen und warm stellen.

Das restliche Öl in einer Pfanne bei mittlerer Temperatur erhitzen. Die Muscheln einige Minuten darin braten, dabei einmal vorsichtig wenden. Den Corail mit dem Zitronensaft, Salz und Pfeffer zufügen und 1 Minute mitbraten.

Den Wirsing in 90-ml-Auflaufförmchen pressen und auf einzelne Teller stürzen. Mit den Muscheln und ihrem Corail umlegen und heiß servieren.

Ostriche gratinate alla pancetta

Gratinierte Austern mit Pancetta

Einen preiswerteren Ersatz für die Austern bieten Jakobsmuscheln oder auch große Miesmuscheln. Auf unseren Segeltörns in den damals noch ruhigen Küstengewässern Sardiniens haben wir dieses Gericht häufig zubereitet.

Für 6 Personen

36 Austern
90 g Pancetta
60 g Champignons
2 EL frische Schnittlauchröllchen
2 EL frisch gehackte glatte Petersilie
2 EL feine Semmelbrösel
30 g Butter in Flöckchen

Die Austern öffnen, das Austernfleisch aus den Schalen heben und dabei das Austernwasser auffangen. Dieses in einen Topf geben, erhitzen, die Austern zufügen und bei mittlerer Temperatur eben erwärmen, aber nicht kochen – sie sollen nur etwas fest werden. Die Schalen säubern und abspülen, in eine ofenfeste Form setzen und die Austern wieder hineinlegen.

Den Grill auf höchster Stufe vorheizen. Die Pancetta in einer Pfanne bei mittlerer Temperatur goldbraun und knusprig braten. Herausnehmen – das Fett nicht weggießen –, abtropfen lassen und zerkrümeln. Die Pilze abreiben und fein hacken.

Pancetta, Pilze, Schnittlauch und Petersilie vermischen und über die Austern verteilen. Mit den Semmelbröseln bestreuen, jeweils mit einigen Butterflöckchen belegen und mit dem ausgelassenen Fett der Pancetta beträufeln.

Die Austern etwa 5 Minuten grillen, bis sie oben gebräunt sind. Auf einer Platte anrichten und sehr heiß servieren.

Rechte Seite: Jakobsmuscheln mit Wirsing

Ceci ai gamberetti e rosmarino

Kichererbsen mit Garnelen und Rosmarin

Kichererbsen müssen erst lange eingeweicht und dann ausgiebig gegart werden. Trotzdem lohnt sich der Aufwand, denn sie sind sehr schmackhaft und eine harmonische Ergänzung zu vielen Gerichten. Oft püriere ich sie mit etwas Öl und dem Kochwasser und gebe diese Sauce über Ravioli oder kurze Nudeln, zum Beispiel Penne.

Für 6 Personen

300 g getrocknete Kichererbsen
Salz und frisch gemahlener Pfeffer
300 g rohe kleine Garnelen, ausgelöst und der Darm entfernt
3 Knoblauchzehen
6 EL natives Olivenöl extra
3 Rosmarinzweige
Saft von 1 Zitrone

Die Kichererbsen etwa 12 Stunden in Wasser einweichen, danach abgießen. In einem Topf mit frischem Wasser bedecken, einmal aufkochen und bei niedriger Temperatur in etwa 2 Stunden weich kochen. Abgießen, salzen und pfeffern und auf einer Servierplatte warm stellen.

Inzwischen in einem zweiten Topf Wasser zum Kochen bringen. Die Garnelen nur 1 Minute kochen, abgießen und gut abtropfen lassen. Zu den Kichererbsen geben und wieder warm stellen.

Den Knoblauch hacken. Das Öl in einer Pfanne bei mittlerer Temperatur erhitzen und den Knoblauch mit dem Rosmarin darin etwa 3 Minuten braten, bis er etwas Farbe annimmt. Die Pfanne vom Herd nehmen und den Zitronensaft einrühren. Das würzige Öl über die Kichererbsen gießen und das Gericht sehr warm servieren.

Coda di rospo allo yogurt

Seeteufel mit würzigem Joghurt

Seeteufel zählt zu den delikatesten Fischen. Falls er nicht erhältlich ist, verwenden Sie Seezungenfilets, die Sie vor dem Garen aufrollen.

Für 6 Personen

1,5 kg Seeteufel, enthäutet
3 kleine Zucchini
250 g Naturjoghurt
3 Knoblauchzehen
1 Hand voll frische Minzeblätter
3 EL natives Olivenöl extra
1 Prise Chiliflocken
Salz

Den Backofen auf 200 °C vorheizen. Aus Pergament- oder Backpapier sechs Quadrate von 23 cm Kantenlänge ausschneiden.

Den Fisch in sechs Scheiben schneiden. Die Zucchini längs in sehr feine Scheiben schneiden. Den Joghurt mit dem Knoblauch, der Minze, dem Öl, den Chiliflocken und einer Prise Salz im Mixer glatt und cremig rühren.

Die Fischstücke in die Mitte der Papierquadrate legen. Die Zucchini und die Joghurtcreme darauf verteilen. Das Papier über der Füllung zusammenfalten und die Päckchen durch Umlegen der Kanten verschließen. Auf ein Backblech setzen und etwa 10 Minuten backen, bis der Fisch sein glasiges Aussehen verliert – um dies festzustellen, ein Päckchen zur Probe öffnen. Die Päckchen auf einzelnen Tellern anrichten und etwas öffnen. Sogleich servieren.

Filetti di sogliola alla rucola e zafferano

Seezungenfilets mit Rucola und Safran

Einst vornehmlich im arabischen Raum heimisch, gelangte der Safran durch die Spanier nach Europa und eroberte bald die hiesigen Küchen. Doch schon zwei Römer der Antike, Apicius und Petronius Arbiter, erwähnten Speisen mit Safran. Safran wird aus den Narben einer Krokusspezies gewonnen und ist das teuerste aller Gewürze.

Für 6 Personen

6 Seezungenfilets
1 Hand voll Basilikumblätter
120 ml natives Olivenöl extra
Salz
200 g Rucola
1 kräftige Prise Safranfäden

Den Backofen auf 220 °C vorheizen.

Die Fischfilets etwa 3 Minuten dämpfen oder in einem fest verschlossenen Topf mit 2 Esslöffeln Wasser garen. Unterdessen das Basilikum mit dem Öl und Salz nach Geschmack im Mixer pürieren.

Die Rucola auf einer ofenfesten Servierplatte anrichten. Den Fisch darauf legen und mit dem Basilikumöl übergießen. In den Ofen schieben und einige Minuten erwärmen. Mit dem Safran bestreuen und sogleich servieren.

Baccalà ai porri

Klippfisch mit Lauch

In Italien bekommt man *baccalà* oder Klippfisch – das ist gesalzener und luftgetrockneter Kabeljau – gelegentlich bereits gewässert, meist donnerstags oder freitags. Falls Sie dieses Glück nicht haben, rechnen Sie 24 Stunden zum Einweichen mit ein.

Für 6 Personen

600 g Klippfisch
600 g Lauch
6 EL natives Olivenöl extra
2 EL frische Schnittlauchröllchen

Den Fisch unter fließendem Wasser entsalzen. In einer großen Schüssel mit Wasser bedecken und dieses während der nächsten 24 Stunden mindestens sechsmal wechseln. Zuletzt das Wasser abgießen, den Fisch sorgfältig entgräten und in große Stücke teilen.

Den Fisch in einem Topf mit Wasser bedecken, einmal aufkochen und bei niedriger Temperatur etwa 10 Minuten köcheln lassen. Abgießen und in sehr kleine Stücke zerpflücken. Den Lauch putzen und quer in Scheiben schneiden.

In einer Pfanne 4 Esslöffel Öl bei mittlerer Temperatur erhitzen. Den Lauch etwa 10 Minuten dünsten, bis er leicht Farbe annimmt, dabei häufig rühren. Den Fisch zufügen und einige Minuten erwärmen. Das Ganze mit dem restlichen Öl beträufeln, gründlich durchmischen und auf einer vorgewärmten Platte anrichten. Mit dem Schnittlauch bestreuen und heiß servieren.

Calamari alla melagrana

Gefüllte Kalmare mit Granatapfelkernen

Der im gesamten Mittelmeerraum weit verbreitete Granatapfel gewinnt als Zutat für Risotto wie auch als Beilage zu Fleisch und Fisch immer mehr Anhänger. In Italien gedeiht er vor allem im Süden bis hinunter nach Sizilien.

Für 6 Personen

6 Kalmare (jeweils etwa 150 g)
2 Granatäpfel
1 großes Ei
1 Hand voll italienisches Weißbrot, in Milch eingeweicht und ausgedrückt
Salz und frisch gemahlener Pfeffer
3 EL natives Olivenöl extra
120 ml trockener Weißwein

Die Kalmare waschen und enthäuten. Die Fangarme (Tentakel) und Flossen abschneiden und fein hacken. Aus dem Körperbeutel das transparente Fischbein entfernen. Der Tintenbeutel ist meist schon entleert.

Die Granatäpfel öffnen und die Fruchtkerne auslösen. Dafür am Kelchansatz der Früchte mit einem Sägemesser ein keilförmiges Stück herausschneiden und die Frucht über einer Schüssel auseinander brechen, dabei fallen die meisten Fruchtkerne heraus. Die Hälfte davon mit den fein gehackten Tentakeln, dem Ei, dem Brot sowie Salz und Pfeffer nach Geschmack vermengen. Die Kalmare mit der Mischung füllen und mit Zahnstochern verschließen.

Das Öl in einer Pfanne bei mittlerer Temperatur erhitzen. Die Kalmare darin zugedeckt etwa 10 Minuten anbraten. Langsam den Wein hinzugießen und die Kalmare noch 20 Minuten schmoren, dabei mehrmals wenden. Den Deckel abnehmen und die gesamte Flüssigkeit verkochen lassen.

Die Kalmare auf einer Platte anrichten und warm stellen. Die restlichen Granatapfelkerne in die Pfanne geben, einige Minuten erwärmen und über die Kalmare streuen. Sofort servieren.

Filetti di sogliola con le fave

Seezungenfilets mit Dicken Bohnen

Seezungen bekommen Sie fertig filetiert, doch ist diese Arbeit auch ohne weiteres selbst zu erledigen: Zwischen Schwanzflosse und Schwanzende quer einen kleinen Schnitt setzen und die Haut mit der Messerspitze so weit lösen, dass man sie mit den Fingern fassen kann. Die Haut mit einem kräftigen Ruck abziehen und auf der Unterseite genauso verfahren. Die Filets – pro Seite sind es zwei – lassen sich nun mühelos lösen, indem sie zunächst mit einem Längsschnitt auf der Mittelgräte voneinander getrennt und dann mit dem flach geführten Messer von den Gräten abgehoben werden.

Für 6 Personen

6 Seezungenfilets
30 g Butter, fein gewürfelt
120 g Kopfsalat, in feine Streifen geschnitten
300 g zarte Dicke-Bohnen-Kerne (nicht ausgehülst etwa 1 kg)
Salz und frisch gemahlener Pfeffer
4 EL trockener Weißwein

Die Fischfilets, am Schwanzende beginnend, aufrollen, mit Zahnstochern fixieren und bei mittlerer Temperatur in eine große Pfanne legen. Die Butter, den Salat und die Bohnen darüber verteilen, salzen und pfeffern. Alles mit dem Wein beträufeln und zugedeckt etwa 5 Minuten dünsten – dabei die Pfanne rütteln, aber nicht umrühren. Den Fond ohne Deckel 2 Minuten einkochen lassen. Das Gericht auf einer Platte warm servieren.

Rechte Seite: Gefüllte Kalmare mit Granatapfelkernen

Frittura di cozze

Frittierte Miesmuscheln

Vor vielen Jahren, als die Bestände an Fischen und Meeresfrüchten noch nicht so ausgedünnt waren, sammelten wir einfach Miesmuscheln von den Felsen und verspeisten sie roh, nur mit etwas Zitronensaft beträufelt. Fein schmecken sie auch mit einer pikanten Mayonnaise, die Sie nach Belieben mit etwas Joghurt verrühren können.

Für 6 Personen

18 große Miesmuscheln
3 große Eier
Salz
120 g feine Semmelbrösel
1 Eigelb
120 ml natives Olivenöl extra
Saft von 1 Zitrone
1 Prise Chiliflocken
Pflanzenöl zum Frittieren

Die Muscheln unter fließendem Wasser gründlich abbürsten. Muscheln, die sich nicht schließen, wenn man gegen sie klopft, aussortieren. Die übrigen in einem fest verschlossenen großen Topf bei mittlerer Temperatur 3 Minuten garen, bis sich die Schalen öffnen – noch geschlossene Exemplare wegwerfen. Das Muschelwasser durch ein feines Sieb abgießen und 4 Esslöffel reservieren. Die Muscheln auslösen, die Schalen nicht wegwerfen.

Auf einem Teller zwei Eier verquirlen und salzen. Die Semmelbrösel in einen zweiten Teller geben. Die Muscheln trockentupfen, in das Ei tauchen und dann in den Semmelbröseln wälzen. Beiseite stellen.

Für die Mayonnaise das übrige Ei mit dem Eigelb sowie etwas Salz im Mixer verrühren. Bei laufendem Gerät langsam das Öl in dünnem Strahl einlaufen lassen. In die fertige Mayonnaise den Zitronensaft, das Muschelwasser und zuletzt die Chiliflocken gründlich einrühren.

Reichlich Öl in einem schweren Topf auf 180 °C erhitzen – die Temperatur ist erreicht, wenn ein Brotwürfel in 1 Minute eine goldbraune Farbe annimmt. Die Muscheln goldbraun frittieren und auf Küchenpapier abtropfen lassen. Wieder in die Schalen legen, auf einer vorgewärmten Platte anrichten und sehr heiß servieren. Die Mayonnaise in einer Schale dazu reichen.

Gamberi all'aglio

Garnelen mit Knoblauch

Als ich in Spanien unterwegs war, lernte ich dieses Gericht kennen und lieben. Zu Hause habe ich es nachgekocht, wobei ich das Öl und die Petersilie hinzugefügt habe. Die Garnelen müssen rasch gebraten und sehr heiß serviert werden.

Für 6 Personen

200 g Brunnenkresse oder Feldsalat
120 ml natives Olivenöl extra
3 Knoblauchzehen im Ganzen
600 g rohe Garnelen
Saft von 2 Zitronen
Salz
Frisch gemahlener Pfeffer
2 EL frisch gehackte glatte Petersilie

Den Salat waschen, sorgfältig trocknen und auf einer Servierplatte anrichten.

Das Öl in einer Pfanne bei mittlerer Temperatur erhitzen. Den geschälten Knoblauch darin in etwa 3 Minuten glasig schwitzen. Die Garnelen in dem würzigen Öl einige Minuten bei hoher Temperatur braten, dabei häufig wenden. Mit dem Zitronensaft beträufeln, salzen und nach Belieben pfeffern. Die Flüssigkeit noch 1 Minute verkochen lassen. Den Knoblauch herausfischen. Die Garnelen mit dem Öl auf dem Salat anrichten, mit der Petersilie bestreuen und sogleich servieren.

Carciofi ripieni alla birra

Gefüllte Artischocken, in Bier gedünstet

Bier ist ein uraltes Getränk. Schon 4500 v. Chr. wurde es zusammen mit Weizen und einer Ziege den Göttern dargebracht. Damals glaubten die Menschen, die Verstorbenen im Jenseits würden es trinken, um fröhlich zu sein. Im alten Ägypten wurde Bier, mit Wasser verdünnt, Neugeborenen gegeben: Es sollte ihnen Kraft verleihen.

Für 6 Personen

6 junge Artischocken
Saft von 1 Zitrone
90 g Parmaschinken
1 Hand voll italienisches Weißbrot, in Milch eingeweicht und ausgedrückt
1 großes Ei
2 EL frisch gehackte glatte Petersilie
1 Knoblauchzehe, gehackt
Salz und frisch gemahlener Pfeffer
2 EL natives Olivenöl extra
120 ml Bier, nach Bedarf mehr

Die Artischocken vom Stiel und von den harten Außenblättern befreien, das obere Drittel abschneiden und das Heu entfernen. Sogleich in eine Schüssel mit Wasser legen, das mit dem Zitronensaft gesäuert wurde – so laufen sie nicht dunkel an.

Den Schinken hacken. In einer Schüssel mit dem Brot, dem Ei, der Petersilie und dem Knoblauch vermengen. Die Mischung salzen und pfeffern.

Die Artischocken abgießen und mit der Schinkenmischung füllen, dafür die Blätter leicht auseinander spreizen. Dicht an dicht aufrecht in eine Kasserolle setzen. Mit dem Olivenöl und dem Bier begießen. Zugedeckt bei niedriger Temperatur etwa 30 Minuten dünsten. Nach Bedarf noch etwas Bier hinzufügen, damit die Artischocken nicht austrocknen. Auf einer Platte anrichten und recht warm servieren.

Crocchette di patate alla crema di formaggio

Kartoffelkroketten mit Käsesauce

Sie können die frittierten Kroketten warm stellen, bis die Käsesauce zubereitet ist, doch lassen sie sich auch ohne weiteres vor dem Servieren nochmals aufwärmen.

Für 6 Personen

1 kg mehlig kochende Kartoffeln, ungeschält
200 g Mehl
60 g weiche Butter
1 Eigelb
Salz
2 ganze Eier
120 g feine Semmelbrösel
Pflanzenöl zum Frittieren
3 Frühlingszwiebeln, in feine Scheiben geschnitten
1/4 l Milch
300 g Taleggio, Camembert oder Brie, bei Bedarf entrindet
Frisch gemahlener Pfeffer

Die Kartoffeln ungeschält gar kochen. Abgießen, noch heiß schälen und durch eine Kartoffelpresse drücken. Abkühlen lassen. Die Hälfte des Mehls, die Butter, das Eigelb und Salz nach Geschmack zufügen und mit den Händen untermengen. Die Arbeitsfläche mit dem restlichen Mehl bestreuen. Aus der Kartoffelmasse Bälle vom Umfang kleiner Eier formen.

Die beiden ganzen Eier in einem tiefen Teller verquirlen, die Semmelbrösel in einen zweiten Teller geben. Die Kartoffelbällchen in das Ei tauchen und anschließend in den Semmelbröseln wälzen – sie sollen gleichmäßig paniert sein.

In einer tiefen Pfanne reichlich Öl auf 180 °C erhitzen – die Temperatur ist erreicht, wenn ein Brotwürfel in 1 Minute eine goldbraune Farbe annimmt. Die Kroketten in mehreren Portionen nacheinander knusprig goldbraun frittieren. Auf Küchenpapier abtropfen lassen und warm stellen.

Die Frühlingszwiebeln in der Milch bei niedriger Temperatur in etwa 10 Minuten weich garen. Den Käse zufügen und rühren, bis er geschmolzen ist, mit Pfeffer abschmecken. Die Sauce auf eine vorgewärmte Servierplatte mit hohem Rand gießen, die Kroketten darauf anrichten und sehr heiß servieren.

Purea di patate e fave

Kartoffelpüree mit Dicken Bohnen

Hübsch sieht es aus, wenn Sie um das fertige Püree noch ganze Bohnenkerne verteilen. Das verwendete Olivenöl sollte von ausgezeichneter Qualität sein. Nach Belieben reichen Sie dazu geröstetes Brot.

Für 6 Personen

3 große Kartoffeln, ungeschält
1 kg frische Dicke Bohnen (die doppelte Menge, falls sie nicht mehr ganz jung sind und auch enthäutet werden müssen)
60 g Butter
1/4 l Milch
Salz und frisch gemahlener Pfeffer
6 EL natives Olivenöl extra

Die Kartoffeln in etwa 30 Minuten gar kochen. Abgießen, noch heiß schälen und durch die Kartoffelpresse drücken. Die Dicken Bohnen, falls erforderlich, enthäuten. Mit Wasser bedecken, zum Kochen bringen und in etwa 10 Minuten weich kochen – ältere Bohnenkerne benötigen länger. Im Mixer pürieren.

Bohnen- und Kartoffelpüree in einem Topf vermischen. Die Butter unterziehen und langsam die Milch hinzugießen, dabei ständig rühren, damit sich keine Klumpen bilden. Das Püree salzen und pfeffern und bei mittlerer Temperatur etwa 10 Minuten rühren. In sechs Portionen auf einer vorgewärmten Platte anrichten. Mit einem Löffelrücken in jede Portion oben eine Vertiefung drücken und das Öl hineinträufeln. Sogleich servieren.

Patate e funghi alla genovese

Kartoffeln und Pilze auf Genueser Art

Frische Kräuter sind entschieden aromatischer als getrocknete. Oregano bildet dabei aber eine Ausnahme. Einen kräftigeren Geschmack erhält das Gericht mit dem Grün von wildem Fenchel und eine typisch toskanische Note gewinnt es durch die Römische Minze (*calamynta* sp.).

Für 6 Personen

120 ml natives Olivenöl extra für die Form und zum Beträufeln
1 kg Kartoffeln
300 g frische Steinpilze
1 Knoblauchzehe, fein gehackt
1 EL getrockneter Oregano
Salz und frisch gemahlener Pfeffer

Den Backofen auf 180 °C vorheizen. Eine ofenfeste Form großzügig mit Öl ausstreichen. Die Kartoffeln ungeschält etwa 20 Minuten kochen, bis sie eben gar sind. Abkühlen lassen, schälen und in Scheiben schneiden. Die Pilze mit einem Tuch abreiben, aber nicht waschen, und mitsamt den Stielen senkrecht in feine Scheiben schneiden.

Die Kartoffeln abwechselnd mit den Pilzen dachziegelartig in die Form füllen. Mit dem restlichen Öl beträufeln, mit dem Knoblauch und dem Oregano bestreuen, salzen und pfeffern. Etwa 30 Minuten backen, bis das Gemüse weich und zart gebräunt ist. Nach der Hälfte der Garzeit einige Esslöffel Wasser hinzufügen. Das Gericht sehr heiß servieren.

Rechte Seite: Kartoffelpüree mit Dicken Bohnen

Cipolle alla parmigiana

Zwiebeln mit Parmesansahne

Zwiebeln sind nicht nur in vielen Zubereitungen als würzende Zutat enthalten, sondern ergeben auch eigenständige Gerichte. Zwischen roten, weißen und Spanischen Zwiebeln, auch Gemüsezwiebeln genannt, bestehen erhebliche Geschmacksunterschiede. Letztere sind in Italien besonders beliebt.

Für 6 Personen

6 große Spanische Zwiebeln
1/8 l Sahne
6 EL frisch geriebener Parmesan
Salz und frisch gemahlener Pfeffer

Den Backofen auf 180 °C vorheizen. Die Zwiebeln ungeschält etwa 1 Stunde backen.

Unterdessen in einem Topf die Sahne mit dem Parmesan sowie Salz und Pfeffer nach Geschmack verrühren. Die Sauce bei mittlerer Temperatur erhitzen, aber nicht zum Kochen bringen.

Die Zwiebeln schälen und oben einen Deckel abschneiden. Auf eine Platte setzen, mit der Parmesansahne übergießen und sogleich servieren.

Fiori di zucca ripieni alla ricotta

Zucchiniblüten mit Ricottafüllung

Vor den Früchten erscheinen an der Zucchinipflanze zahlreiche Blüten. Die großen weiblichen Zucchiniblüten sind zum Füllen besonders geeignet, die kleineren männlichen Blüten werden bevorzugt frittiert.

Für 6 Personen

18 frische Zucchiniblüten
Salz
120 g Parmesan, frisch gerieben
120 g Ricotta (italienischer Frischkäse)
1 Eigelb
Frisch gemahlener Pfeffer

Den Backofen auf 180 °C vorheizen. Eine ofenfeste Form mit Pergamentpapier auslegen. Die Zucchiniblüten putzen, dabei von Stiel und Stempel befreien. In einem großen Topf Wasser zum Kochen bringen und salzen. Die Blüten darin etwa 1 Minute blanchieren, abgießen und mit einem Tuch trockentupfen.

Den Parmesan mit der Ricotta, dem Eigelb, Pfeffer und etwas Salz verrühren. Die Blüten vorsichtig auseinander spreizen und mit der Käsemischung füllen. In die vorbereitete Form legen und 10 Minuten backen. Heiß servieren.

Pomodori ripieni ai capperi

Tomaten mit würziger Kapernfüllung

Tomaten sind inzwischen ganzjährig auf dem Markt. Trotzdem sollte man frische Tomaten nur im Sommer verwenden, wenn sie in der Sonne natürlich gereift sind und dabei ihr volles Aroma entwickeln konnten.

Für 6 Personen

6 Tomaten (nicht zu groß und ziemlich fest)
6 EL feine Semmelbrösel
2 Knoblauchzehen, gehackt
2 EL getrockneter Oregano oder gehackte frische Kräuter wie glatte Petersilie, Thymian oder Basilikum
2 EL frisch geriebener Parmesan
1 EL Kapern in Essig, abgetropft und gehackt
3 EL natives Olivenöl extra
Salz und frisch gemahlener Pfeffer

Den Backofen auf 180 °C vorheizen.

Die Tomaten halbieren und vorsichtig drücken, um die Samen zu entfernen, oder die Samen mit einem Löffel herausholen.

Die Semmelbrösel mit dem Knoblauch, dem Oregano, dem Parmesan, den Kapern, dem Öl sowie Salz und Pfeffer nach Geschmack vermengen. Die Tomatenhälften mit der Mischung füllen. Auf ein Backblech setzen und etwa 40 Minuten backen. Auf einer Platte anrichten und heiß oder raumtemperiert servieren.

Radicchio alla pancetta

Radicchio mit Pancetta

Ein herzhafter Genuss, der mich an frühere Skiurlaube in Cortina d'Ampezzo erinnert. Mit Frühstücksspeck erhält das Gericht eine etwas andere Note. Der lang gestreckte, schlanke Radicchio di Treviso ist in diesem Fall besonders geeignet, doch gelingt das Gericht auch mit den runden, kompakten Radicchioköpfen.

Für 6 Personen

1 EL natives Olivenöl extra
6 Köpfe roter Radicchio
12 hauchdünne Scheiben Pancetta oder Frühstücksspeck
3 EL Aceto Balsamico

Den Grill vorheizen und die Grillpfanne mit dem Öl ausstreichen.

Den Radicchio gründlich abbrausen, den Wurzelstummel schälen – keinesfalls abschneiden, er hält die Blätter zusammen. Jeden Kopf in zwei Speckscheiben wickeln, sodass er völlig umschlossen ist. Etwa 20 Minuten grillen, bis der Speck knusprig goldbraun ist, dabei die Köpfe mehrfach drehen.

Auf einer vorgewärmten Platte mit dem Balsamico beträufeln und sogleich servieren.

Finocchi gratinati alla fontina

Fenchel, mit Fontina überbacken

Meist bereite ich dieses Gericht gleich in einzelnen Porzellanformen zu und gelegentlich ersetze ich den Fenchel durch Knollensellerie.

Für 6 Personen

6 Knollen Fenchel
1/8 l Milch
Salz und frisch gemahlener Pfeffer
300 g Fontina (italienischer Rohmilchkäse), gerieben
1/4 l Sahne
1 Prise frisch geriebene Muskatnuss

Den Backofen auf 180 °C vorheizen.

Die Fenchelknollen abspülen, die äußeren Schuppenblätter und das Grün entfernen. Die Knollen längs in feine Scheiben schneiden. In einem Topf mit der Milch bedecken, salzen und pfeffern. Zugedeckt bei niedriger Temperatur in etwa 10 Minuten weich kochen. Abgießen, in sechs einzelne ofenfeste Formen verteilen und mit dem Käse bedecken. Die Sahne hinzufügen und das Gemüse mit Muskatnuss würzen. Etwa 40 Minuten backen, bis die Oberfläche goldbraun überkrustet ist. Heiß servieren.

Cavolfiore in salsa d'uovo e limone

Blumenkohl mit Zitronensauce

Ob in Verbindung mit Gemüse, gedämpftem Fisch oder auch gekochtem Reis – die hier vorgestellte Zitronensauce ist mir seit frühester Jugend vertraut. Als Garnitur für den Blumenkohl verwende ich gelegentlich Scheiben von hart gekochten Eiern und Kapern.

Für 6 Personen

1 großer Blumenkohl (etwa 1 kg)
30 g Butter
4 EL Mehl
1/2 l Milch, nicht zu kalt
2 Eigelb
Saft von 1 Zitrone
Salz und frisch gemahlener Pfeffer

In einem großen Topf reichlich Wasser zum Kochen bringen und salzen. Den Blumenkohl darin zugedeckt in etwa 20 Minuten gar kochen.

Unterdessen die Butter in einem Topf bei mittlerer Temperatur zerlassen und das Mehl mit einem Holzlöffel 2 Minuten anschwitzen. Langsam die Milch hinzugießen und dabei ständig rühren. Die Béchamelsauce vom Herd nehmen. Das Eigelb in einer Schüssel mit dem Zitronensaft vermischen und in die Sauce rühren. Salzen und pfeffern.

Den Blumenkohl abgießen. Auf einer vorgewärmten Platte anrichten, mit der Zitronensauce überziehen und sogleich servieren.

Sformatini di riso all'ananas

Gestürzter Risotto mit Ananas

Die Erinnerungen an meine vielen wundervollen Reisen in Indien haben mich zu diesem Rezept inspiriert, das italienische und auch indische Einflüsse verrät. Ein Risotto sollte stets mit italienischem Reis zubereitet werden. Ich empfehle *arborio* oder *vialone nano*, zwei Sorten, die viel Stärke enthalten und daher einen sehr geschmeidigen Risotto ergeben. Noch besser ist eine Qualität namens *carnaroli*, die sich durch dickere Körner auszeichnet, außerhalb Italiens aber schwer zu finden ist.

Für 6 Personen

Butter für die Förmchen
90 g Pancetta
1 weiße Zwiebel
12 Hand voll Arborio-Reis (oder Vialone Nano)
120 ml trockener Weißwein
2 l Hühnerbrühe (Seite 184), leise kochend
45 g Butter
Salz und frisch gemahlener Pfeffer
6 Scheiben frische Ananas

Den Backofen auf 200 °C vorheizen. Sechs Auflaufförmchen mit etwas Butter ausstreichen.

Den Speck und die Zwiebel hacken und in einem großen Topf bei mittlerer Temperatur etwa 3 Minuten braten, bis die Zwiebel glasig wird. Den Reis zufügen und noch 3 Minuten rühren, bis der Speck knusprig goldbraun und der Reis sehr heiß ist. Den Wein hinzugießen und verkochen lassen. Den Reis mit Brühe eben bedecken und insgesamt etwa 12 Minuten köcheln lassen. Dabei ständig weitere Brühe dazugeben, sodass der Reis immer leicht bedeckt ist und nie trocken wird. Die Hälfte der Butter unter den Reis mischen, salzen und pfeffern. Den Herd abschalten und den Risotto gut umrühren. Auf eine große Fläche ausleeren und völlig erkalten lassen.

Den Reis in die Förmchen füllen, leicht zusammendrücken und die Oberfläche glatt streichen. Etwa 10 Minuten backen, bis er durch und durch heiß ist. 1 Minute ruhen lassen, auf einzelne Teller stürzen und warm stellen.

Die Ananasscheiben vierteln. Die restliche Butter in einer Pfanne bei niedriger Temperatur zerlassen. Die Ananas darin einige Minuten erwärmen, um den Reis verteilen und diesen sogleich servieren.

Sformatini di riso ai pinoli

Gestürzter Reis mit Pinienkernen

Pinienkerne sind eine beliebte Zutat der italienischen Küche. Unter anderem gedeihen sie in zwei Naturschutzgebieten, die sich nahe Pisa am Meer erstrecken. Migliarino ist bis heute im Privatbesitz der Herzöge Salviati und San Rossore und gehörte einst dem früheren König von Italien.

Für 6 Personen

1/4 l Pflanzenöl zum Braten
200 g Pinienkerne
1 Möhre
1 Zwiebel
1 Zucchino
1 EL frisch gehackte glatte Petersilie
Butter für die Förmchen
2 EL natives Olivenöl extra
30 g Butter
Salz und frisch gemahlener Pfeffer
6 Hand voll Arborio-Reis
2 große Eigelb

In einer Pfanne das Pflanzenöl auf 180 °C erhitzen – die Temperatur ist erreicht, wenn ein Brotwürfel in 1 Minute eine goldbraune Farbe annimmt. Die Pinienkerne darin in etwa 5 Minuten unter ständigem Rühren goldgelb braten, anschließend auf Küchenpapier abtropfen lassen.

Möhre, Zwiebel und Zucchino würfeln, das Gemüse mit der Petersilie vermischen.

Den Backofen auf 200 °C vorheizen. Sechs 150-ml-Auflaufförmchen mit Butter ausstreichen und mit den Pinienkernen ausstreuen – sie sollen eine dichte, gleichmäßige Hülle bilden.

Das Olivenöl in einer beschichteten Pfanne bei mittlerer Temperatur erhitzen. Das Gemüse darin unter häufigem Rühren etwa 10 Minuten braten, bis es beinahe gar ist. Salzen und pfeffern.

Den Reis in kochendem Salzwasser etwa 15 Minuten kochen. Abgießen, mit der Butter verrühren und leicht abkühlen lassen. Eigelb und Gemüse gründlich untermischen.

Die Förmchen mit der Reis-Gemüse-Mischung füllen und etwa 10 Minuten im Ofen erhitzen. Auf einzelne Teller stürzen und sogleich servieren.

Risotto al salto

Gebratener Risotto

Diese Mailänder Spezialität verlangt ein gewisses Können. Denn der Risotto wird wie ein dünner Pfannkuchen gebraten, der schließlich schön knusprig werden soll. Wenn Sie übrig gebliebenen Reis verwerten möchten, darf er nicht übergart und matschig sein. Übrigens wird Reis in der italienischen Küche nicht nach Gewicht gemessen, vielmehr rechnet man pro Person zwei Hand voll. Um dieses Gericht für sechs Personen zuzubereiten, benötigen Sie eigentlich ebenso viele beschichtete Pfannen von etwa 23 cm Durchmesser.

Für 6 Personen

1 kleine weiße Zwiebel
90 g Butter
12 Hand voll Arborio-Reis (oder Vialone Nano)
1/4 l trockener Weißwein
2 l Hühnerbrühe (Seite 184), leise kochend
1 kräftige Prise Safranfäden (etwa 3 g)
Salz und frisch gemahlener Pfeffer
Etwa 45 g Butter zum Braten
120 g Parmesan, frisch gerieben

Die Zwiebel in hauchdünne Scheiben schneiden. In einem großen Topf die Butter bei niedriger Temperatur zerlassen und die Zwiebel darin 3 Minuten glasig schwitzen. Den Reis einstreuen und etwa 3 Minuten rühren, bis er sehr heiß ist und die Reiskörner gut mit der Butter überzogen sind. Den Wein hinzugießen und einkochen sowie verdampfen lassen. Den Reis mit zwei bis drei Schöpflöffeln siedender Brühe eben bedecken und ständig rühren, bis die Flüssigkeit absorbiert ist. Regelmäßig weitere Brühe dazugeben, sodass der Reis immer leicht bedeckt ist und nie trocken wird. Beim Rühren den Boden und den Rand des Topfes freischaben, der Reis bleibt sonst kleben. Etwa 10 Minuten nach dem ersten Aufkochen die Safranfäden in einer Schöpfkelle Brühe auflösen und zum Reis geben. Nach 15-minütiger Kochzeit den Herd abschalten, den Risotto salzen und pfeffern und zugedeckt einige Minuten ruhen lassen – er sollte eine sehr geschmeidige Konsistenz besitzen. Auf eine große Fläche ausleeren und völlig erkalten lassen.

Kurz vor dem Servieren den Reis in sechs Portionen teilen und mit einem Bratenwender auf eine Dicke von etwa 1/2 cm zusammendrücken. In einer beschichteten Pfanne von 23 cm Durchmesser ein wenig von der Butter zum Braten bei niedriger Temperatur zerlassen. Die erste Reisportion mit einem breiten Spatel hineingeben und etwa 10 Minuten braten. Mit Hilfe eines Deckels vorsichtig wenden, wieder in die Pfanne gleiten lassen und von der zweiten Seite weitere 10 Minuten braten – ein perfekter *risotto al salto* ist auf beiden Seiten goldbraun und knusprig. Den übrigen Reis genauso verarbeiten. Mit Parmesan bestreuen und auf einzelnen Tellern sehr heiß servieren.

Fagioli all'uccelletto

Weiße Bohnen mit Salbei und Tomatensauce

Ein Klassiker der toskanischen Küche. Heutzutage bekommt man in der Toskana verschiedene Sorten weiße Bohnen. Wohl die bekanntesten sind die Cannellini, die besten aber sind die sehr kleinen und beinahe runden *zolfini*.

Für 6 Personen

300 g getrocknete zolfini oder Cannellini
300 g Tomaten (nach Belieben frisch oder aus der Dose), enthäutet, aber nicht die Samen entfernt
6 EL natives Olivenöl extra
3 Knoblauchzehen
1 Hand voll frische Salbeiblätter
Salz und frisch gemahlener Pfeffer

Die Bohnen über Nacht in Wasser einweichen. Abgießen, mit frischem Wasser bedecken, langsam zum Kochen bringen und in etwa 1½ Stunden weich kochen. Abgießen.

Unterdessen die Tomaten und den Knoblauch separat mit einer Gabel zerdrücken. In einem Topf das Öl erhitzen, den Knoblauch mit dem Salbei darin bei mittlerer Temperatur in etwa 3 Minuten hellgelb braten. Die Tomaten zufügen und bei niedriger Temperatur zugedeckt etwa 1 Stunde köcheln lassen. Dabei nach Bedarf etwas Wasser zugeben – die Sauce darf nicht zu sämig werden.

Die Bohnen einrühren, salzen und pfeffern und noch 10 Minuten köcheln lassen, sodass sich die Aromen verbinden. Auf einer vorgewärmten Platte anrichten und sogleich servieren.

Fegato d'oca alle albicocche

Foie gras mit Balsamico und Aprikosen

Ob die Foie gras – Stopfleber – von der Gans oder der Ente stammt, ist in diesem Fall gleichgültig. Entscheidend ist dagegen ihre Qualität. Zum Einweichen der Aprikosen können Sie auch jeden anderen guten Dessertwein verwenden.

Für 6 Personen

200 g getrocknete Aprikosen
Je ¼ l Vin Santo und Wasser
6 Scheiben italienisches Weißbrot
15 g Butter
450 g Foie gras, in Scheiben
2 EL Aceto Balsamico

Die Aprikosen mit dem Vin Santo und dem Wasser in einem Topf aufsetzen und bei niedriger Temperatur unter gelegentlichem Rühren etwa 20 Minuten köcheln lassen, bis sie weich sind. Abgießen und warm stellen.

Das Brot hellgelb rösten. Dünn mit Butter bestreichen, mit den Aprikosen belegen und warm stellen. Eine beschichtete Pfanne bei hoher Temperatur erhitzen. Die Foie gras von beiden Seiten je 1 Minute braten, mit dem Essig beträufeln und auf den gerösteten Brotscheiben anrichten. Sogleich servieren.

Mele ripiene alla salsiccia

Äpfel mit Wurstfüllung

Die norditalienische Küche kombiniert häufig süß und sauer. Eine schmackhafte Ergänzung zu diesem Gericht ist etwas frisch geriebener Meerrettich, verfeinert mit einem Klecks Crème double.

Für 6 Personen

6 große Kochäpfel
6 salsicce (milde italienische Schweinswürste)
1 Hand voll italienisches Weißbrot, in Milch eingeweicht und ausgedrückt
1 großes Ei
3 EL frisch geriebener Parmesan

Den Backofen auf 180 °C vorheizen. Von den Äpfeln einen Deckel abschneiden, mit einem kleinen Löffel das Kerngehäuse und einen Teil des Fruchtfleisches herausholen. Die Würste enthäuten und das Brät in einer Schüssel zerkrümeln. Mit dem Brot, dem Ei und dem Parmesan gründlich verrühren. Die Äpfel mit der Mischung füllen, in eine ofenfeste Form setzen und etwa 40 Minuten backen, bis sie schön weich sind. Auf einer vorgewärmten Platte anrichten und sogleich servieren.

Rechte Seite: Weiße Bohnen mit Salbei und Tomatensauce

Uova in salsa d'arancia

Pochierte Eier in Orangensauce

Einstündiges Einweichen der geschnittenen Zwiebeln in kaltem Wasser macht sie bekömmlicher – ein sehr nützlicher Tipp vor allem dann, wenn man Zwiebeln roh verwenden möchte, etwa in einem Salat.

Für 6 Personen

6 weiße Zwiebeln
3 EL natives Olivenöl extra
Salz und frisch gemahlener Pfeffer
Hauchdünn abgeschnittene Schale und Saft von 1 unbehandelten Orange
3 EL Weißweinessig
6 frische Eier

Die Zwiebeln schälen und in feine Scheiben schneiden. Nach Belieben in kaltem Wasser einweichen, wie in der Einleitung beschrieben, danach abgießen und mit Küchenpapier trockentupfen. Das Öl in einer großen Pfanne erhitzen und die Zwiebelscheiben darin unter häufigem Rühren in etwa 10 Minuten goldgelb schwitzen. Bei niedriger Temperatur zugedeckt noch etwa 2 Stunden dünsten, dabei mehrfach Wasser hinzufügen, damit sie nicht austrocknen. Zuletzt salzen und pfeffern.

Die Zwiebeln mit dem Orangensaft im Mixer zu einer glatten Sauce verarbeiten. Die Orangenschale in sehr feine Streifen schneiden, etwa 3 Minuten blanchieren, abgießen und warm stellen.

In einem großen Topf Wasser erhitzen, bis es leise sprudelt, den Essig zufügen. Die Eier einzeln aufschlagen, vorsichtig hineingleiten lassen und einige Minuten pochieren, bis das Eiweiß vollkommen gestockt, das Eigelb aber noch weich ist. Die Sauce auf eine vorgewärmte Servierplatte mit hohem Rand gießen. Die Eier mit einer Schaumkelle aus dem Wasser heben und in die Sauce legen. Mit der Orangenschale bestreuen und sogleich servieren.

Crostatine di mele e formaggio di capra

Tartelettes mit Äpfeln und Ziegenkäse

Bei festlichen Anlässen werden die Speisen meist auf einzelnen Tellern serviert, im familiären Kreis geschieht dies in Italien hingegen eher selten. Nach diesem Rezept können Sie auch eine große Tarte zubereiten – die Backform sollte etwa 27 cm Durchmesser haben.

Für 6 Personen

250 g Mehl
120 g Butter, gewürfelt
1 großes Eigelb
2 EL Milch
2 EL Honig
2 Äpfel, vorzugsweise Red Delicious
200 g Ziegenfrischkäse

Aus dem Mehl, den Butterwürfeln, dem Eigelb und der Milch nach dem Grundrezept (Seite 182) einen Mürbteig herstellen.

Den Backofen auf 180 °C vorheizen. Ein Backblech mit Pergamentpapier auslegen.

Den Teig etwa 2 mm dick ausrollen. Mit einem Teigrädchen sechs Kreise von 10 cm Durchmesser ausschneiden und auf das Backblech legen. Mit einer Gabel mehrmals einstechen und goldgelb backen. Falls sich dabei die Ränder aufbiegen, aus dem Ofen nehmen und mit den Händen flach drücken. Auf einem Drahtgitter auskühlen lassen.

Die Tartelettes mit dem Honig bestreichen. Die Äpfel schälen, vierteln, vom Kernhaus befreien und in sehr feine Scheiben schneiden, diese auf die Tartelettes legen. Den Käse ebenfalls in Scheiben schneiden und auf den Äpfeln verteilen. Kurz vor dem Servieren den Grill auf höchster Stufe vorheizen. Die Tartelettes einige Minuten unter den Grill schieben, bis der Käse zu schmelzen beginnt. Auf einzelnen Tellern anrichten und sogleich servieren.

Fegatini di pollo all'uva

Hühnerleber mit Trauben

Die Kombination von Früchten und Fisch oder Fleisch war in der Renaissance sehr populär und ist es heute dank der Rückbesinnung auf kulinarisch Altbewährtes wieder. Anstelle der Hühnerleber können Sie klein geschnittene Hühnerbrust verwenden.

Für 6 Personen

500 g Hühnerlebern, küchenfertig vorbereitet
500 g grüne Trauben
30 g Butter
2 EL natives Olivenöl extra
2 EL Mehl
4 EL Vin Santo oder halbtrockener Sherry
Salz und frisch gemahlener Pfeffer

Die Hühnerleber in mundgerechte Stücke schneiden. Die Trauben halbieren, enthäuten und entkernen.

In einer Pfanne die Butter mit dem Öl bei hoher Temperatur erhitzen. Die Hühnerleber zufügen, mit dem Mehl bestauben und etwa 3 Minuten unter gelegentlichem Wenden braten. Die Trauben dazugeben und noch 2 Minuten mitbraten. Mit dem Vin Santo ablöschen, salzen und pfeffern. Die Flüssigkeit 1 Minute verkochen lassen. Das Gericht auf einer vorgewärmten Platte anrichten und sogleich servieren.

Petto d'anatra alle prugne

Entenbrust mit Backpflaumen

Manchmal ersetze ich die Pflaumen durch getrocknete Aprikosen und es kann auch vorkommen, dass ich zum Einweichen der Früchte anstelle von Orangensaft einen guten Dessertwein, zum Beispiel einen Vin Santo, verwende.

Für 6 Personen

18 Backpflaumen
Hauchdünn abgeschnittene Schale und Saft von 3 unbehandelten Orangen
30 g Butter
2 EL natives Olivenöl extra
3 ganze Entenbrüste (6 Hälften)
Salz und frisch gemahlener Pfeffer

Die Backpflaumen in einer Schüssel einige Stunden im Orangensaft aufquellen lassen. Den Saft abgießen und auffangen.

In einem kleinen Topf Wasser zum Kochen bringen. Die Orangenschale in sehr feine Streifen schneiden und einige Minuten blanchieren, danach abgießen.

In einer Pfanne die Butter mit dem Öl bei hoher Temperatur erhitzen. Die Entenbrüste einige Minuten von beiden Seiten anbraten. Aus der Pfanne nehmen, abtropfen lassen und warm stellen. Den Orangensaft in die Pfanne gießen und bei mittlerer Temperatur einige Minuten einkochen lassen. Die Pflaumen mit der Orangenschale zufügen und köcheln lassen, bis die Pflaumen heiß und die Schalenstreifen schön weich sind. Salzen und pfeffern. Die Entenbrüste mit den Pflaumen und dem Fond auf einer vorgewärmten Platte anrichten und sogleich servieren.

TEIL IV

Eingelegtes Gemüse und Basisrezepte

Artischocken, Möhren, Gurken, Zwiebeln, Pilze, Paprikaschoten und natürlich Oliven – dies sind die Hauptdarsteller im Kapitel *sottoli* und *sottaceti* – wörtlich »unter Öl« beziehungsweise »unter Essig«. Hochwertiges Olivenöl und Weißweinessig tragen dazu bei, dass sie auch über einen längeren Zeitraum ihre guten Eigenschaften bewahren.

Ob solo, als Beigabe zu einem Antipasto oder als Garnitur zu gepökeltem oder geräuchertem Fleisch – diese Konserven sind aus der italienischen Küche nicht wegzudenken. Einige italienische Firmen bieten neben anderen Delikatessen auch eingelegtes Gemüse von exzellenter Qualität an. Oft genug aber sind die Produkte, die in den Ladenregalen um die Gunst der Verbraucher werben, mit schlechtem Öl oder Essig zubereitet, was sich zwangsläufig in ihrem Geschmack niederschlägt. Es lohnt sich also, die kleine Mühe auf sich zu nehmen und die Vorratskammer selbst zu bestücken.

Neben Rezepten für Eingemachtes stellt dieses Kapitel auch Anleitungen für einige Grundsaucen, Teige und Brotsorten vor. Fades Brot oder eine schlechte Mayonnaise können die schönste Vorspeise ruinieren. Deshalb rentiert sich ein kleiner Mehraufwand an Zeit, denn Qualität, Frische und Zutaten mit viel Geschmack sind die Garantie für ein rundum gelungenes Essen.

Carciofini sott'olio

Artischocken in Öl

In Italien haben Artischocken zwischen Oktober und Juni Hochsaison. Zu dieser Zeit sind sie in verschiedenen Größen und Qualitäten zu bekommen. Manche Sorten besitzen keine Stacheln an den Blattspitzen und ganz junge, kleine Exemplare enthalten noch kein Heu und sind besonders zart.

Ergibt etwa 750 g

Saft von 1 Zitrone
1 kg kleine Artischocken
1 l Weißweinessig
2 Lorbeerblätter
1 TL schwarze Pfefferkörner
3 Gewürznelken
Salz
Etwa 1/4 l natives Olivenöl extra

Eine Schüssel mit Wasser füllen und den Zitronensaft zufügen. Die Artischocken von den harten Außenblättern, dem Heu und den stacheligen Blattspitzen befreien, danach ins Zitronenwasser legen. In einem großen Topf den Essig zum Kochen bringen. Ein Lorbeerblatt, die Hälfte der Pfefferkörner, die Gewürznelken und Salz nach Geschmack zufügen. Die abgetropften Artischocken hineingeben – falls sie zu groß sind, vorher halbieren. Etwa 5 Minuten kochen. Abgießen und in ein Tuch einschlagen, damit sie sich nicht dunkel verfärben.

Wenn sie völlig abgekühlt und trocken sind, mit dem zweiten Lorbeerblatt und den restlichen Pfefferkörnern in ein weites Glas füllen. Mit dem Öl übergießen – die Artischocken müssen völlig bedeckt sein, daher wird je nach Glasform eventuell weniger oder auch mehr Öl benötigt. In den nächsten Tagen den »Ölstand« prüfen und nach Bedarf weiteres Öl hinzugießen. Das Glas verschließen und an einen kühlen, dunklen Platz stellen. Die Artischocken halten sich etwa ein Jahr.

Olive in salamoia

Oliven in Salzlake

Nachfolgendes Rezept wurde mir von Maro Gorki überlassen. Diese sehr geschätzte Freundin und gewissermaßen auch Nachbarin von mir widmet sich neben der Malerei – wie ihr berühmter Vater – mit ebenso großem Erfolg dem Gärtnern und Kochen. Da frisch geerntete Oliven ziemlich bitter schmecken, werden sie zunächst – nicht entsteint, aber mehrfach mit einer Nadel eingestochen – etwa 15 Tage in eine Schüssel mit Wasser eingelegt, das täglich erneuert wird. Für dieses Rezept eignen sich grüne wie schwarze Oliven.

Ergibt 1 kg

1 kg Oliven
1 l Wasser
100 g Salz
3 Lorbeerblätter
1 EL Fenchelsamen

Die Oliven abgießen, wie in der Rezepteinleitung beschrieben, nicht entsteinen. In einem größeren Topf das Wasser mit dem Salz zum Kochen bringen und die Oliven einige Minuten darin kochen. Abgießen und dabei das Wasser auffangen.

Die Oliven mit den Lorbeerblättern und Fenchelsamen in ein großes Glas füllen. Mit dem Kochwasser übergießen, das Glas mit einem Deckel verschließen und an einen kühlen, dunklen Platz stellen. Die Oliven können nach einem Monat verwendet werden und halten sich bis zu einem Jahr.

Vor dem Servieren kurz abspülen und in einer Schüssel mit etwas Olivenöl und abgeriebener Zitronen- oder Orangenschale vermischen.

Peperoni sott'olio

Paprikaschoten in Öl

Wer Sardellen nicht unbedingt mag, kann in diesem Fall auf sie verzichten. Ein Muss sind hingegen die Kapern, bei diesem Rezept der eigentliche Clou.

Ergibt etwa 750 g

1 kg rote oder gelbe Paprikaschoten
1 l Weißweinessig
120 g Kapern in Essig oder Salz
120 g Sardellenfilets in Öl
Etwa 1/4 l natives Olivenöl extra

Die Paprikaschoten halbieren, Samen und Scheidewände entfernen, das Fruchtfleisch längs in Streifen schneiden. Den Essig in einem großen Topf zum Kochen bringen und die Paprikaschoten einige Minuten darin kochen. Abgießen und, eingeschlagen in ein Tuch, völlig abkühlen lassen.

Die Kapern abspülen und trockentupfen. Die Sardellenfilets abtropfen lassen.

Die trockenen Paprikaschoten mit den Kapern und Sardellen lagenweise in ein Glas schichten. Leicht zusammendrücken und mit Öl bedecken. Das Glas mit einem Deckel verschließen und an einen kühlen, dunklen Platz stellen – nach einigen Tagen bei Bedarf weiteres Öl hinzugießen, die Paprikaschoten müssen ganz bedeckt sein. Sie können nach einem Monat verwendet werden und halten sich bis zu einem Jahr.

Vor dem Servieren mit etwas gehacktem Knoblauch und frischen Basilikumblättern vermischen.

Funghi sott'olio

Steinpilze in Öl

Der Topfavorit unter den Pilzen sind in Italien Steinpilze – *porcini.* Allerdings haben sie ihren Preis, denn sie sprießen nur von Juni bis November in feuchtem Boden bei gleichzeitig warmer Witterung. Nach dem folgenden Rezept lassen sich auch andere Pilze einlegen.

Ergibt etwa 1 kg

1 kg sehr kleine Steinpilze
1 l Weißweinessig
1 TL schwarze Pfefferkörner
2 Lorbeerblätter, 1 Gewürznelke
Salz
1/2 l natives Olivenöl extra

Die Pilze abreiben, aber nicht waschen. Den Essig zum Kochen bringen. Die Pilze einige Minuten darin kochen, abgießen und, eingeschlagen in ein Tuch, abkühlen lassen.

Die trockenen Pilze in ein großes Glas füllen. Die Pfefferkörner, die Lorbeerblätter und die Gewürznelke zufügen. Nach Geschmack salzen und mit dem Öl bedecken. Das Glas mit einem Deckel verschließen und nach einigen Tagen weiteres Öl hinzugießen, falls die Pilze nicht mehr vollständig bedeckt sind. Das Glas an einen kühlen, dunklen Platz stellen. Die Pilze können nach einem Monat verwendet werden und halten sich bis zu einem Jahr.

Cavolfiori sott'aceto

Blumenkohl-Pickles

Verarbeiten Sie nur die Röschen – die Stiele lassen sich noch gut in einer Suppe verwerten. Auch Brokkoli ist für dieses Rezept geeignet – die Röschen werden allerdings nur 1 Minute gekocht.

Ergibt etwa 1 kg

2 kg Blumenkohl
Salz
Fein abgeriebene Schale und Saft von 1 unbehandelten Zitrone
1/2 l Weißweinessig
1 TL schwarze Pfefferkörner
2 Lorbeerblätter

Die Blumenkohlröschen abschneiden. In einem großen Topf Wasser zum Kochen bringen und salzen. Die Röschen mit der Zitronenschale und dem -saft hineingeben und einige Minuten kochen. Abgießen und, eingeschlagen in ein Tuch, völlig abkühlen lassen.

Die trockenen Blumenkohlröschen in ein großes Glas füllen. Den Essig mit den Pfefferkörnern und Lorbeerblättern in einem Topf einige Minuten kochen. Den Blumenkohl damit übergießen – er soll völlig bedeckt sein. Das Glas mit einem kunststoffbeschichteten Deckel verschließen und an einen kühlen, dunklen Platz stellen. Der Blumenkohl kann nach etwa einem Monat verwendet werden und hält sich bis zu einem Jahr.

Rechte Seite: Paprikaschoten in Öl

Carote sott'aceto

Möhren-Pickles mit Minze

Zu Schinken- und Salamiaufschnitt sind diese Möhren ebenso köstlich wie, fein gehackt, als würzende Zutat für diverse Saucen oder Mayonnaise.

Ergibt etwa 1 kg

1 kg Möhren
Salz
1 Hand voll frische Minzeblätter
1 TL Zucker
1 TL schwarze Pfefferkörner
½ l Weißweinessig

Die Möhren schälen und quer in Scheiben von 1 cm Dicke schneiden. In einem großen Topf Wasser zum Kochen bringen und salzen. Die Möhren darin etwa 5 Minuten kochen. Abgießen und, eingeschlagen in ein Tuch, völlig abkühlen lassen.

Die trockenen Möhren mit der Minze, dem Zucker und den Pfefferkörnern in ein großes Glas füllen. Völlig mit dem Essig bedecken. Das Glas mit einem kunststoffbeschichteten Deckel verschließen und an einen kühlen, dunklen Platz stellen. Die Möhren können nach etwa einem Monat verwendet werden und halten sich bis zu einem Jahr.

Cetrioli sott'aceto

Essiggurken mit Knoblauch und Minze

Ideal für diese Pickles sind die Cornichons, jene nur fingerlangen Gurken, die allerdings selten auf dem Markt angeboten werden. Letztlich aber spielt die Größe nicht die entscheidende Rolle, sofern die Gurken im Glas völlig vom Essig bedeckt sind.

Ergibt etwa 1 kg

1 kg Cornichons (kleine Einlegegurken)
Salz
1 l Weißweinessig
3 Knoblauchzehen
1 Handvoll Minzeblätter

Die Gurken abbürsten. In eine große Schüssel legen, mit Salz bedecken und etwa 12 Stunden ziehen lassen, dabei gelegentlich vorsichtig durchmischen.

Die Gurken abspülen und mit einem Tuch trockentupfen. In ein großes Glas füllen. Den Essig mit dem Knoblauch und der Minze in einem Topf einige Minuten kochen. Die Gurken damit übergießen – sie sollen völlig bedeckt sein. Das Glas mit einem kunststoffbeschichteten Deckel verschließen und an einen kühlen, dunklen Platz stellen. Die Gurken können nach etwa einem Monat verwendet werden und halten sich bis zu einem Jahr.

Cipolline in agrodolce

Süßsauer eingelegte Zwiebelchen

Zu Tatar oder Carpaccio bilden diese Zwiebeln die perfekte Ergänzung. Besonders zu empfehlen sind die kleinen, flachrunden Exemplare.

Ergibt etwa 1 kg

1 kg sehr kleine Zwiebeln, alle von annähernd gleicher Größe
15 g Butter
2 EL natives Olivenöl extra
3 EL Zucker
⅛ l Weißweinessig
⅛ l trockener Weißwein
2 Gewürznelken
2 Lorbeerblätter
Salz und frisch gemahlener Pfeffer

Die Zwiebeln schälen. In einer großen Pfanne die Butter mit dem Öl bei hoher Temperatur erhitzen. Den Zucker einstreuen und ständig rühren, bis er bräunt. Die Zwiebeln zufügen und einige Minuten mitbräunen. Essig, Weißwein, Nelken, Lorbeerblätter sowie Salz und Pfeffer nach Geschmack zufügen. Bei reduzierter Hitze die Zwiebeln in etwa 10 Minuten unter gelegentlichem Rühren weich köcheln, die Flüssigkeit soll dabei bis auf einige Esslöffel einkochen. Falls dies nicht erfolgreich geschehen ist, die Zwiebeln mit einer Schaumkelle herausnehmen und die Flüssigkeit bei niedriger Temperatur reduzieren.

Die Zwiebeln in ein Einmachglas füllen und mit der Reduktion übergießen. Das Glas fest verschließen und in einem großen Topf völlig mit Wasser bedecken. Aufkochen lassen, etwa 15 Minuten sterilisieren und im Wasser abkühlen lassen. Herausnehmen und an einen kühlen, dunklen Platz stellen. Die Zwiebeln können sogleich verwendet werden und halten sich bis zu drei Monate.

Maionese

Mayonnaise

Mayonnaise sollte zunächst ziemlich dick sein, denn verdünnen lässt sie sich mit etwas Milch oder Zitronensaft ohne weiteres. Wem das Olivenölaroma für eine Mayonnaise zu dominant ist, verwendet stattdessen ein geschmacksneutrales Pflanzenöl. Man kann sie von Hand oder im Mixer herstellen.

Ergibt etwa 1/4 Liter

Herstellung im Mixer:
1 großes Ei plus 1 großes Eigelb
Salz
200 ml natives Olivenöl extra

Ei und Eigelb mit etwas Salz in den Mixer geben, kurz mixen. Bei laufendem Gerät das Öl in dünnem Strahl zugießen – fertig.

Ergibt etwa 1/8 Liter

Herstellung von Hand:
1 großes Eigelb
Salz
6 EL natives Olivenöl extra

Das Eigelb mit etwas Salz in einer Schüssel mit einem Holzlöffel 1 Minute verschlagen. Unter ständigem Rühren – anfangs langsamer, später schneller – das Öl in feinem Strahl hinzugießen, bis eine dicke Mayonnaise entstanden ist.

Besciamella

Béchamelsauce

Die Béchamel ist eine helle Grundsauce, die entsprechend ihrer Verwendung in unterschiedlicher Konsistenz zubereitet wird. Dies wird erreicht, indem man die Butter- und Mehlmenge im Verhältnis zur Milch verringert oder erhöht. Aus der italienischen Küche ist diese Sauce kaum wegzudenken: Sie kommt bei Lasagne, mit gebackener Polenta und in verschiedensten Aufläufen zum Einsatz. Wenn Sie die Milch ganz langsam zugießen, klumpt die Sauce nicht so leicht.

Ergibt etwa 300 ml

30 g Butter
30 g Mehl
300 ml Milch
Salz und frisch gemahlener Pfeffer

Die Butter in einem Topf bei mittlerer Temperatur zerlassen. Das Mehl zugeben und einige Minuten mit einem Holzlöffel gründlich einrühren, ohne dass es Farbe annimmt. Die Milch in kleinen Portionen hinzugießen und jeweils gründlich einrühren, bevor die nächste Zugabe erfolgt – bei dieser Methode kann die Milch raumtemperiert oder sogar kalt sein.

Die angegebene Menge ergibt eine Sauce von mittlerer Konsistenz. Flüssiger wird sie mit mehr, dicker mit weniger Milch. Die Béchamelsauce zuletzt nach Geschmack salzen und pfeffern.

Ragù di carne

Fleischsauce

Eine der kulinarischen Kardinalregeln in Coltibuono lautet, dass das Fleisch für ein gutes *ragù* zunächst in kleinen Stücken angebräunt und dann erst fein gehackt wird – so kann es nicht klumpen. Die Sauce sollte einige Stunden bei niedrigster Temperatur leise vor sich hin köcheln.

Für 6 Personen

200 g Kalbfleisch zum Schmoren
200 g Schweinefleisch zum Schmoren
100 g salsiccia (milde italienische Schweinswurst)
30 g Butter
2 EL natives Olivenöl extra
60 g Pancetta
1 kleine Zwiebel, gehackt
1 Möhre, gehackt
1 Stange Bleichsellerie, gehackt
1 EL frisch gehackte glatte Petersilie
1 Lorbeerblatt
$^1/_8$ l trockener Weißwein
300 g gehackte Dosentomaten oder frische Tomaten, enthäutet und gehackt
Salz und frisch gemahlener Pfeffer

Das Fleisch in etwa 2,5 cm große Würfel schneiden. Die Wurst enthäuten und das Brät zerkrümeln.

In einem großen Topf die Butter mit dem Öl bei mittlerer Temperatur erhitzen. Den Speck mit der Zwiebel etwa 3 Minuten darin braten, bis die Zwiebel glasig und der Speck knusprig ist. Fleischwürfel, Wurstbrät, Möhre, Sellerie, Petersilie und Lorbeerblatt zufügen und etwa 3 Minuten mitbraten, bis das Fleisch rundum gebräunt ist – dabei gelegentlich rühren. Den Wein zugießen und verkochen lassen. Den Pfanneninhalt auf ein Holzbrett ausleeren und mit einem Messer fein hacken, anschließend zurück in die Pfanne geben.

Die Tomaten zufügen, salzen und pfeffern. Die Sauce zugedeckt einmal aufkochen, danach bei niedrigster Temperatur mindestens 2 Stunden leise köcheln lassen. Nach Bedarf von Zeit zu Zeit etwas Wasser hinzufügen – allerdings darf die Sauce zuletzt keine überschüssige Flüssigkeit enthalten.

Salsa di pomodoro

Tomatensauce

Üblicherweise verwenden die Italiener für ihre Saucen Dosentomaten. Im August und September sieht man überall auf den Feldern Menschen, die emsig dabei sind, die roten, sonnengereiften Früchte für die Konservenfabriken zu ernten. Dagegen sind die frischen Tomaten, die man heutzutage bekommt, oft unreif gepflückt und fristen dann, bis sie zum Verbraucher gelangen, in Kühlräumen ihr Nachreifedasein. Nur im Sommer empfehlen sich frische reife Eiertomaten, die für diese Sauce zwar enthäutet, aber nicht von den Samen befreit werden.

Ergibt etwa $^1/_2$ Liter

3 Knoblauchzehen
6 EL natives Olivenöl extra
1 kg Dosentomaten mit dem Saft oder reife Eiertomaten, enthäutet und gehackt
Kräuter (nach Wahl)
Salz und frisch gemahlener Pfeffer

Den Knoblauch mit einer Gabel zerdrücken. Mit dem Öl in einen Topf geben und bei mittlerer Temperatur in etwa 3 Minuten glasig schwitzen. Die Tomaten zufügen und zugedeckt bei niedriger Temperatur etwa 1 Stunde köcheln lassen, bis die gesamte Flüssigkeit verdampft ist – die Sauce soll zuletzt schön sämig sein. Nach Belieben mit frischen oder getrockneten Kräutern würzen, zum Beispiel mit Basilikum, Thymian, glatter Petersilie oder Oregano, und mit Salz und Pfeffer abschmecken. Im Kühlschrank hält sie sich etwa drei Tage.

Wieviel Sauce die Tomaten ergeben, lässt sich nur annähernd sagen, da ihr Wassergehalt variiert.

Rechte Seite: Tomatensauce

Pasta sfoglia

Blätterteig

Die Herstellung von Blätterteig ist nicht so einfach. Wichtig ist vor allem, dass der Teig und die Butter die gleiche Konsistenz und Temperatur aufweisen. Die Menge dieses Rezepts ergibt etwa doppelt so viel, wie Sie für die Rezepte in diesem Buch benötigen. Es lohnt sich jedoch, gleich eine größere Menge herzustellen und den Rest einzufrieren.

Ergibt etwa 600 g

300 g Mehl
10 EL kaltes Wasser
Salz
300 g Butter

Ein Fünftel des Mehls beiseite stellen, den Rest in eine große Schüssel häufen. In die Mitte eine Mulde drücken und 5 Esslöffel kaltes Wasser mit einer Prise Salz hineingeben. Alles mit den Fingerspitzen zu groben Krümeln verarbeiten. Nochmals 5 Esslöffel Wasser zufügen, einarbeiten und dann mit den Handballen kneten, bis ein glatter, sehr elastischer Teig entsteht. Zu einer Kugel formen, in Klarsichtfolie wickeln und 30 Minuten kalt stellen.

Unterdessen die Butter in Würfel schneiden und mit den Fingern das restliche Mehl einarbeiten und verkneten, bis die Mischung die gleiche Konsistenz wie der Teig hat. Zu einem quadratischen Block formen und kalt stellen.

Den Teig zu einem Quadrat von etwa 1 cm Stärke ausrollen. Den Butterblock in die Mitte legen und die Teigecken so darüber schlagen, dass der Teig das Butterstück einschließt, ohne dass sich die Teigkanten überlappen. Diese vorsichtig mit den Fingern zusammendrücken, das Ganze einwickeln und etwa 20 Minuten kalt stellen.

Wieder auswickeln und auf der bemehlten Arbeitsfläche zu einem Rechteck von etwa ½ cm Stärke ausrollen. Von den schmalen Seiten aus die beiden seitlichen Drittel über das mittlere Drittel zusammenlegen und locker mit dem Wellholz zusammendrücken. Wieder einwickeln und 20 Minuten kalt stellen. Damit ist die erste Tour beendet. Sie wird noch fünfmal wiederholt, wobei der Teig jedesmal um 90 Grad – stets in der gleichen Richtung – gedreht wird. Nach dem sechsten Zusammenfalten den Teig in der erforderlichen Größe ausrollen.

Polenta

Polenta

Polenta bildet die Grundlage zahlreicher Zubereitungen. Man kann sie einfach mit geriebenem Parmesan bestreuen und mit zerlassener Butter beträufeln, genauso aber gebratene Pilze, geschmortes Fleisch oder Fisch auf ihr anrichten. Köstlich mundet sie auch, wenn sie im Ofen geröstet oder frittiert wird. Oder man schichtet sie mit Käsescheiben, Schinken, einer Béchamel-, Tomaten- oder leichten Fleischsauce.

Für 6 Personen

1,9 l Wasser
Salz
240 g gelber Maisgrieß (grobe Körnung)

In einem schweren Topf das Wasser bei hoher Temperatur zum Kochen bringen und salzen. Den Maisgrieß ganz langsam einrieseln lassen und dabei ständig mit einem Schneebesen schlagen. Mit einem langen Holzlöffel noch 1 Minute rühren. Einen Deckel auflegen und den Maisbrei bei niedrigster Temperatur in 40 Minuten ausquellen lassen – dabei muss nicht mehr gerührt werden. Die Polenta gleich servieren, wie in der Einleitung beschrieben, oder nach Belieben weiter verarbeiten. Am Topf haftende Reste lösen sich durch Einweichen mit kaltem Wasser nach einigen Stunden von selbst.

Rechte Seite: Polenta

Molino
Sobrino Giovine
via Roma 110
12064 La Morra
0173 50118

Pasta all'uovo

Frischer Nudelteig mit Ei

Frische Nudeln lassen sich recht einfach herstellen. Da Mehl sich je nach Luftfeuchtigkeit immer wieder etwas anders verhält, benötigen Sie pro Ei eventuell etwas mehr oder auch weniger Mehl als angegeben. Mit etwas Übung stellt sich aber bald ein Gefühl für die richtige Teigkonsistenz ein.

Ergibt etwa 300 g

250 g Mehl
2 große Eier

Das Mehl in eine große Schüssel häufen. In die Mitte eine Mulde drücken und die Eier hineinschlagen. Leicht mit einer Gabel verquirlen. Jetzt nach und nach das Mehl mit kreisförmigen Bewegungen unter die Eier rühren, bis man schließlich einen krümeligen Teig erhält. Auf die bemehlte Arbeitsfläche geben und mit den Handballen so lange kneten, bis ein fester, aber sehr glatter Teig entsteht. Nach Belieben mit dem Wellholz oder der Nudelmaschine auf die gewünschte Stärke ausrollen.

Pasta frolla

Mürbteig

Die Zutaten sind für eine Pieform von 23 cm Durchmesser berechnet, genau die richtige Größe für sechs Personen.

Ergibt etwa 400 g

250 g Mehl
120 g Butter, in kleine Stücke geschnitten
1 großes Eigelb
2 EL Milch

Das Mehl in eine Schüssel häufen. Die Butter zugeben und mit den Fingerspitzen ins Mehl einarbeiten, bis sich Krümel bilden. Das Eigelb und die Milch hinzufügen und alles rasch zu einem glatten Teig verkneten. Zu einer Kugel formen, in Klarsichtfolie wickeln und bis zur weiteren Verarbeitung mindestens 1 Stunde kalt stellen.

Pasta per pizza

Pizzateig

Pizzateig ist erstaunlich schnell gemacht und insofern einem Tiefkühlprodukt allemal vorzuziehen. Ich benutze bei seiner Herstellung niemals eine Maschine, deren anschließende Reinigung mehr Zeit verschlingt, als man zunächst mit ihr einspart. Verwenden Sie unbedingt frische Hefe, die der Trockenhefe eindeutig überlegen ist. Die Zugabe von Öl, wie sie bei einigen Rezepten in diesem Buch vorgesehen ist, macht den Teig geschmeidiger. Das Öl wird mit der aufgelösten Hefe eingearbeitet.

Für 6 Pizzen

30 g frische Hefe
1/4 l lauwarmes Wasser
375 g Mehl
Salz

Die Hefe in dem lauwarmen Wasser auflösen und etwa 10 Minuten ruhen lassen, bis sich an der Oberfläche Bläschen zeigen.

In einer großen Schüssel das Mehl mit Salz nach Geschmack vermischen. In die Mitte eine Mulde drücken. Langsam die Hefe hineingießen, dabei mit einer Gabel in kreisförmigen Bewegungen das umgebende Mehl einrühren, bis ein Teig entsteht. Eine Arbeitsfläche dünn mit Mehl bestauben und den Teig darauf mit den Handballen kneten, bis er glatt und elastisch wird. In eine bemehlte Schüssel legen, mit Klarsichtfolie abdecken und bis zum doppelten Volumen aufgehen lassen – je nach Raumtemperatur erfordert dies eine bis mehrere Stunden.

Den Teig auf der Arbeitsfläche zusammenschlagen und in der gewünschten Stärke ausziehen. Nach Wunsch belegen und bei 200 °C backen.

Rechte Seite: Pizzateig

Brodo di pollo

Hühnerbrühe

In Italien sind Hühner- und Fleischbrühe, die als Grundlage für die verschiedensten Gerichte eingesetzt werden, leicht und zurückhaltend im Geschmack. Haut und Flügel, die ziemlich fett sind, verwende ich deshalb normalerweise nicht.

Ergibt etwa 1,5 Liter

3 l Wasser
1 Suppenhuhn, geviertelt
1 Zwiebel
1 große Möhre
1 Stange Bleichsellerie
2 Lorbeerblätter
1 Hand voll frische glatte Petersilie
Salz

Alle Zutaten in einem großen, hohen Topf mit Wasser bedecken. Langsam zum Kochen bringen und zugedeckt etwa 2 Stunden leise köcheln lassen. Den anfangs aufsteigenden Schaum sorgfältig abschöpfen. Das Fleisch herausnehmen – es kann noch in einem Salat verwertet werden – und die Brühe durch ein feines Sieb in eine große Schüssel seihen. Abkühlen lassen, dabei erstarrt das Fett an der Oberfläche und lässt sich ohne weiteres abnehmen. Im Kühlschrank hält sich die Brühe nur 24 Stunden, für eine längere Aufbewahrung frieren Sie sie ein.

Aceto aromatico

Aromatisierter Essig

Mit unterschiedlichen Kräutern oder Gewürzen lassen sich aromatische Essige herstellen, die Ihre Salate um eine weitere Geschmacksdimension bereichern. Die Reifezeit beträgt etwa einen Monat. Es sollte jeweils nur ein Gewürz oder Kraut verwendet werden.

Ergibt etwa 3/4 Liter

120 g frische Kräuter oder
60 g Gewürz nach Wahl oder Knoblauchzehen
3/4 l Rot- oder Weißweinessig

Die abgestreiften Kräuterblätter, das Gewürz oder die Knoblauchzehen in eine sorgfältig ausgespülte und getrocknete Weinflasche geben. Mit dem Essig auffüllen und mit einem Korken gut verschließen. Für etwa 1 Monat an ein sonniges Fenster stellen. Anschließend den Essig durch einen Papierfilter seihen und in eine saubere Flasche füllen. Fest zukorken, kühl und dunkel lagern.

Nach dem gleichen Rezept lässt sich auch Öl aromatisieren, wobei frische Kräuter und Knoblauch allerdings bisweilen Schimmel ansetzen. Belassen Sie Kräuter höchstens 2 Wochen im Öl, das Sie bis zum Abfiltern in den Kühlschrank stellen. Bei Gewürzen besteht keine Gefahr der Schimmelbildung.

Pane nero

Weizenvollkornbrot

Weizenvollkornbrot eignet sich unter anderem gut für *crostini*. Der Teig geht beim Backen etwas weniger auf als bei Verwendung von Weißmehl. Wie *pane bianco* können Sie auch die Vollkornvariante in *frusta*-Form backen.

Für 1 großen oder 2 lange Laibe

30 g frische Hefe
1/4 l lauwarmes Wasser
375 g Weizenvollkornmehl
Salz
Mehl für die Arbeitsfläche
und für das Blech

Die Hefe in dem lauwarmen Wasser auflösen und etwa 10 Minuten ruhen lassen, bis sich an der Oberfläche Blasen zeigen.

Das Mehl in eine große Schüssel häufen und in die Mitte eine Mulde drücken. Salz und dann langsam die Hefe hineingießen, dabei mit einer Gabel in kreisförmigen Bewegungen das umgebende Mehl einrühren, bis ein Teig entsteht.

Eine Arbeitsfläche dünn mit Mehl bestauben und den Teig etwa 10 Minuten mit den Handballen kneten, bis er glatt und elastisch wird. Eine Schüssel leicht einmehlen, den Teig zu einer Kugel formen und hineinlegen. Mit eingefetteter Klarsichtfolie abdecken und bei Raumtemperatur 1–2 Stunden auf das doppelte Volumen aufgehen lassen.

Den Teig zusammenschlagen und zu einem großen oder zwei langen Laiben von etwa 5 cm Durchmesser formen. Auf ein leicht bemehltes Backblech legen und 20 Minuten gehen lassen.

Unterdessen den Backofen auf 200 °C vorheizen. Das Brot etwa 30 Minuten backen – es ist fertig, wenn es beim Klopfen gegen die Unterseite hohl klingt. Auf einem Drahtgitter auskühlen lassen.

Pane bianco

Weißbrot

Brotbacken ist keine Hexerei, man muss nur ein Gefühl für die richtige Teigkonsistenz besitzen. Je mehr Wasser der Teig enthält, desto leichter und luftiger gerät das Brot. Die Form lässt sich je nach Bedarf variieren. Neben dem großen Laib für *bruschette* sind in Italien lange, dünne Laibe sehr beliebt, ähnlich dem französischen Baguette. Diese so genannte *frusta* ist ideal für *crostini.*

Für 1 großen oder 2 lange Laibe

30 g frische Hefe
1/4 l lauwarmes Wasser
375 g Weizenmehl Type 405
Salz
Mehl für die Arbeitsfläche und für das Blech

Die Hefe in dem lauwarmen Wasser auflösen und etwa 10 Minuten ruhen lassen, bis sich an der Oberfläche Blasen zeigen.

Das Mehl in eine große Schüssel häufen und in die Mitte eine Mulde drücken. Salz und dann langsam die Hefe hineingießen, dabei mit einer Gabel in kreisförmigen Bewegungen das umgebende Mehl einrühren, bis ein Teig entsteht.

Eine Arbeitsfläche dünn mit Mehl bestauben und den Teig etwa 10 Minuten mit den Handballen kneten, bis er glatt und elastisch wird. Eine Schüssel leicht einmehlen, den Teig zu einer Kugel formen und hineinlegen. Mit eingefetteter Klarsichtfolie abdecken und bei Raumtemperatur 1–2 Stunden auf das doppelte Volumen aufgehen lassen.

Den Teig zusammenschlagen und zu einem großen oder zwei langen Laiben von etwa 5 cm Durchmesser formen. Auf ein leicht bemehltes Backblech legen und 20 Minuten gehen lassen.

Unterdessen den Backofen auf 200 °C vorheizen. Das Brot etwa 30 Minuten backen – es ist fertig, wenn es beim Klopfen gegen die Unterseite hohl klingt. Auf einem Drahtgitter auskühlen lassen.

Pane a cassetta

Kastenweißbrot

Im Supermarkt bekommt man dieses Brot oft schon in Scheiben geschnitten. Es ist ziemlich weich und daher wie geschaffen für *tartine* (Sandwiches). Herzhafter und etwas fester gerät es aus Weizenvollkornmehl. Die Zutatenmengen bleiben dafür die gleichen.

Für 1 Laib

30 g frische Hefe
1/4 l lauwarme Milch
375 g Weizenmehl
1 TL Zucker
Salz
60 g Butter, zerlassen
Mehl für die Arbeitsfläche
1 EL natives Olivenöl extra für die Schüssel und die Form

Die Hefe in der lauwarmen Milch auflösen und etwa 10 Minuten ruhen lassen, bis sich an der Oberfläche Blasen zeigen.

Das Mehl in eine große Schüssel häufen und in die Mitte eine Mulde drücken. Zucker, Salz und die zerlassene Butter hineingeben. Dann langsam die Hefe hinzugießen, dabei mit einer Gabel in kreisförmigen Bewegungen das umgebende Mehl einrühren, bis ein Teig entsteht.

Eine Arbeitsfläche dünn mit Mehl bestauben und den Teig etwa 10 Minuten mit den Handballen kneten, bis er glatt und elastisch wird. Eine Schüssel mit der Hälfte des Öls ausstreichen, den Teig zu einer Kugel formen und hineinlegen. Mit eingefetteter Klarsichtfolie abdecken und bei Raumtemperatur 1–2 Stunden auf das doppelte Volumen aufgehen lassen.

Den Teig zusammenschlagen. Mit dem restlichen Öl eine Kastenform von 23 cm Länge ausstreichen. Den Teig hineinlegen und noch mal 20 Minuten gehen lassen.

Unterdessen den Backofen auf 200 °C vorheizen. Das Brot etwa 30 Minuten backen – es ist fertig, wenn es locker aufgegangen und goldbraun ist und beim Klopfen gegen den Boden hohl klingt. In der Form fast völlig auskühlen lassen, auf ein Drahtgitter stürzen und in Scheiben schneiden. Die Kruste am besten entfernen.

REGISTER

Kursivierte Begriffe betreffen das Sachregister.

ITALIENISCHE REZEPTNAMEN

I

L

M

O

P

R

S

T

U

Z

Danksagung

Die Herausgeber danken den folgenden Copyright-Inhabern für die Bereitstellung der Illustrationen und die Genehmigung zum Abdruck:

Vintage Magazine Picture Library:
Seite 6, 10, 14–17, 23, 24, 27, 32, 35, 37, 91, 109, 130 und 177.
Fotomas Index Picture Library: *Seite 9, 13, 22, 47, 150.*
Mary Evans Picture Library: Seite *11, 12, 19, 26, 31, 66, 67, 104, 105, 108 und 131.*
Barnaby's Picture Library: *Seite 25.*
Advertising Archive Limited: *Seite 28.*
Robert Opie Collection: *Seite 42.*
Dover Publications

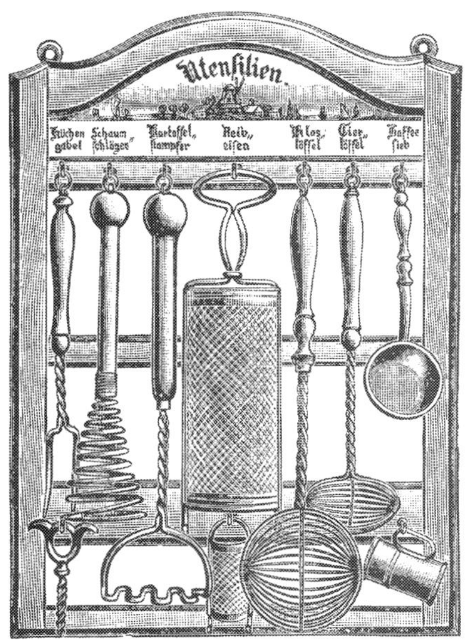

Rezepte zum Sattlesen

»Dieses Buch verwöhnt Profis wie Laien am Herd mit einer ungeahnten Fülle neuer Anregungen, weckt Phantasie und lädt zum Genießen ein, zumal die Autorinnen, die Scotto-Schwestern, als Grundlage 120 verführerische Rezepte mitgeben.« Braunschweiger Zeitung

DIE SCOTTO - SCHWESTERN

Gewürze

Die Quintessenz der raffinierten Küche

192 Seiten mit 100 Farbfotos

»Selbst Feinschmecker werden noch überrascht«: Käse ist eine ungemein vielseitige Zutat für kreative Köche! Paul Gayler, (preisgekrönter) Koch aus Leidenschaft und Profession, probiert in seinem Restaurant und zu Hause immer wieder neue Gerichte aus; in diesem Buch verrät er seine gelungensten Kreationen. Mit 130 Rezepten, jeder Menge Informationen und Profitipps zum Thema Käse und für ausgewogene Käseplatten.

PAUL GAYLER

Köstliches mit Käse

192 Seiten mit 51 farbigen und 8 s/w-Fotos

Dies ist der kulinarische Reisebericht des Meisterkochs Vatch auf seinem Weg durch das bei uns noch weitgehend unbekannte Südostasien. Hier gibt es noch so viele Spezialitäten und unerwartete Geschmackssymphonien zu entdecken! Alle 120 für dieses Buch ausgewählten Rezepte können dank der klaren Anweisungen und warenkundlichen Erläuterungen auch bei uns originalgetreu nachgekocht werden.

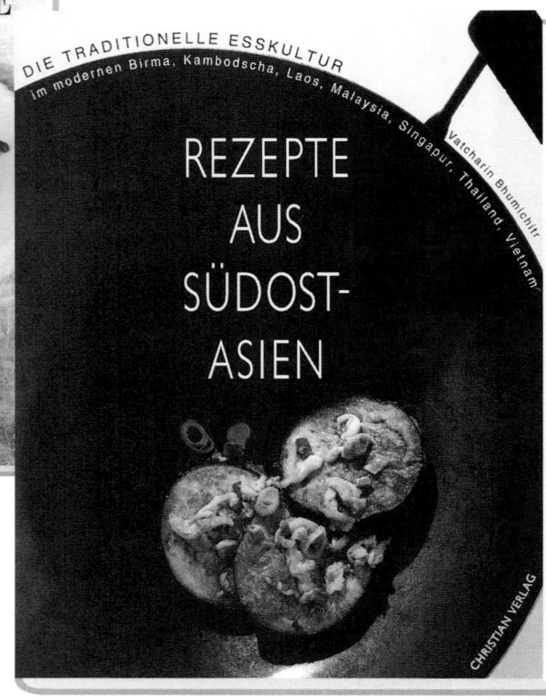

VATCHARIN BHUMICHITR

Rezepte aus Südostasien

Die traditionelle Esskultur im modernen Birma, Kambodscha, Laos, Malaysia, Singapur, Thailand, Vietnam

192 Seiten mit 130 Farbfotos und 1 Landkarte

Weitere Kochbücher aus dem Christian Verlag

JENI WRIGHT UND ERIC TREUILLE

Die neue Kochschule

Handbuch der Küchentechniken

Ein kompletter Kochkurs der berühmtesten Kochschule Frankreichs – Le Cordon Bleu –, deren Profis sich bei der Arbeit über die Schulter schauen lassen. Ein Grundkochbuch der Spitzenklasse mit 250 Rezepten.

352 Seiten mit über 2000 Farbfotos

ROSAMOND RICHARDSON

Vegetarische Rezepte

200 raffinierte Gerichte aus Frankreich, Italien, Nordafrika, dem Vorderen Orient, Indien, Südostasien und Mexiko

224 Seiten mit 69 Farbfotos

CLAUDIA RODEN

Arabische Rezepte rund ums Mittelmeer

Gemüse – Fisch – Süßspeisen

160 Rezepte – der mehrfach ausgezeichneten Kochbuchautorin – aus der frischen, leichten Mittelmeerküche, die heute bei Feinschmeckern und gesundheitsbewussten Zeitgenossen gleichermaßen eine Favoritenrolle spielt.

224 Seiten mit 90 Farbfotos

CLARE FERGUSON

Reis

Von Risotto bis Sushi

Die besten Klassiker der Reisküche und viele brillante zeitgenössische Kreationen aus aller Welt.

144 Seiten mit 114 Farbfotos

MANDY WAGSTAFF

Süße Versuchung

Die besten Rezepte für jede Jahreszeit

176 Seiten mit 95 Farbfotos

MICHEL ROUX

Saucen

Die Quintessenz der feinen Küche

Die 200 besten Saucen des französischen Meisterkochs. Mit unzähligen Profitipps und -tricks und vielen anschaulichen Phasenfotos.

176 Seiten mit 260 Farbfotos